10663237

PARIS

PETITS PRIX

MURIEL CHALANDRE

Paris Petits Prix
2ᵉ édition
© Lonely Planet Publications Pty Ltd 2010
Tous droits réservés

© **Lonely Planet 2010,**
12 avenue d'Italie, 75627 Paris Cedex 13
☎ 01 44 16 05 00
lonelyplanet@placedesediteurs.com
www.lonelyplanet.fr

Dépôt légal
Mai 2010
ISBN 978-2-81610-257-4

Directrice Frédérique Sarfati-Romano
Responsable éditorial Didier Férat
Coordination éditoriale Juliette Stephens
Coordination graphique Jean-Noël Doan
Fabrication Sandrine Levain
Maquette Caroline Donadieu
Couverture Alexandre Marchand
Cartographie Caroline Sahanouk
Merci à Dolorès Mora pour son travail sur le texte
Remerciements Plan de métro de Paris © 2008 RATP

Photogravure : Nord Compo, Villeneuve d'Ascq
Imprimé par IME (Imprimerie Moderne de l'Est),
Beaume-les-Dames, France

COMMENT UTILISER CE GUIDE
Codes couleur et cartes

Des symboles de couleur représentant les sites et les
établissements figurent dans les chapitres et sont
reportés sur les cartes correspondantes afin de les
localiser rapidement. Les restaurants, par exemple,
sont indiqués par une fourchette verte. À chaque
quartier correspond une couleur spécifique, reprise
dans les onglets du chapitre qui lui est consacré.

Vos réactions ? Vos commentaires nous sont très
précieux et nous permettent d'améliorer constamment
nos guides. Notre équipe lit toutes vos lettres avec la
plus grande attention et prend en compte vos remarques
pour les prochaines mises à jour.
 Pour nous faire part de vos réactions, prendre
connaissance de notre catalogue et vous abonner à
Comète, notre lettre d'information, consultez notre site
web : *www.lonelyplanet.fr*

 Nous reprenons parfois des extraits de notre courrier
pour les publier dans nos produits, guides ou sites
web. Si vous ne souhaitez pas que vos commentaires
soient repris ou que votre nom apparaisse, merci de
nous le préciser. Pour connaître notre politique en
matière de confidentialité, connectez-vous à :
www.lonelyplanet.fr/_html/confidentialite

MURIEL CHALANDRE

Native de la banlieue, Muriel s'est attachée à Paris dès son adolescence, pour venir s'y installer alors qu'elle était étudiante en langues et en histoire de l'art. Quand elle ne voyage pas pour voir de plus près à quoi ressemblent Persépolis, le Metropolitan Museum, l'Alhambra, la mer Morte et la baie de La Havane, Muriel aime à rentrer au bercail et à profiter des bons plans parisiens, toujours convaincue que ce n'est pas la ville la plus chère du monde.

Quelques années dans l'édition d'art et les revues artistiques précèdent sa collaboration régulière avec Lonely Planet.

REMERCIEMENTS

Tout d'abord, je tiens à remercier chaleureusement toute l'équipe de la joyeuse planète Lonely, et particulièrement Didier Férat et Juliette Stephens pour leur précieuse aide et leur (grande) patience, ainsi que Bénédicte Houdré, Caroline Delabroy et Catherine Le Nevez. Un grand merci également à Basile Vaillant, à madame Laffont, et aux personnes qui ont bien voulu se prêter au jeu des questions-réponses.

À Lisa, et, comme toujours, au Zorro libre-penseur qui sait si bien lire entre les lignes.

PHOTOGRAPHE

Jeune photographe, Basile Vaillant est passionné de reportage, mais aussi de mode et de voyages. La rencontre avec ceux qu'il photographie fait partie intégrante de sa démarche d'esthète.

SOMMAIRE

PROFITEZ DE PARIS !

Dans un contexte morose, avec un pouvoir d'achat qui s'estompe et des prix qui s'envolent, est-il encore possible de tirer parti de tout ce que peut offrir Paris ? Eh bien oui !

Nous avons voulu, en concevant ce guide, vous donner des pistes et quelques astuces pour dépenser moins et mieux, tout en continuant à suivre les tendances de la mode, à faire bombance, à sortir le soir, et à satisfaire votre curiosité en matière de culture. Certes, Paris reste la capitale du luxe et de la gastronomie de haute volée, mais fort heureusement, bien des restaurants, boutiques, hôtels et autres repaires de noctambules pratiquent depuis longtemps des prix raisonnables, par conviction ou simplement par sens du commerce. Leur répartition géographique intra-muros est assez équilibrée, et chaque arrondissement possède ainsi ses adresses bon marché, et ses lieux culturels que l'on peut visiter sans bourse délier. Bien entendu, "petits prix" ou gratuité ne sont pas obligatoirement synonymes de qualité médiocre, et il suffit parfois d'une carte de réduction, d'un pass, ou tout bonnement de jouer avec certaines dates, ou certains horaires, pour bénéficier de tarifs avantageux, que ce soit au restaurant, au cinéma, dans les boutiques, les musées ou les salles de spectacles. Alors, que vous soyez de passage, ou que vous viviez à Paris, gardez le sourire : la Ville Lumière s'offre littéralement à vous !

À gauche Restaurant Les Crocs, Bastille (p. 65)

>AGENDA

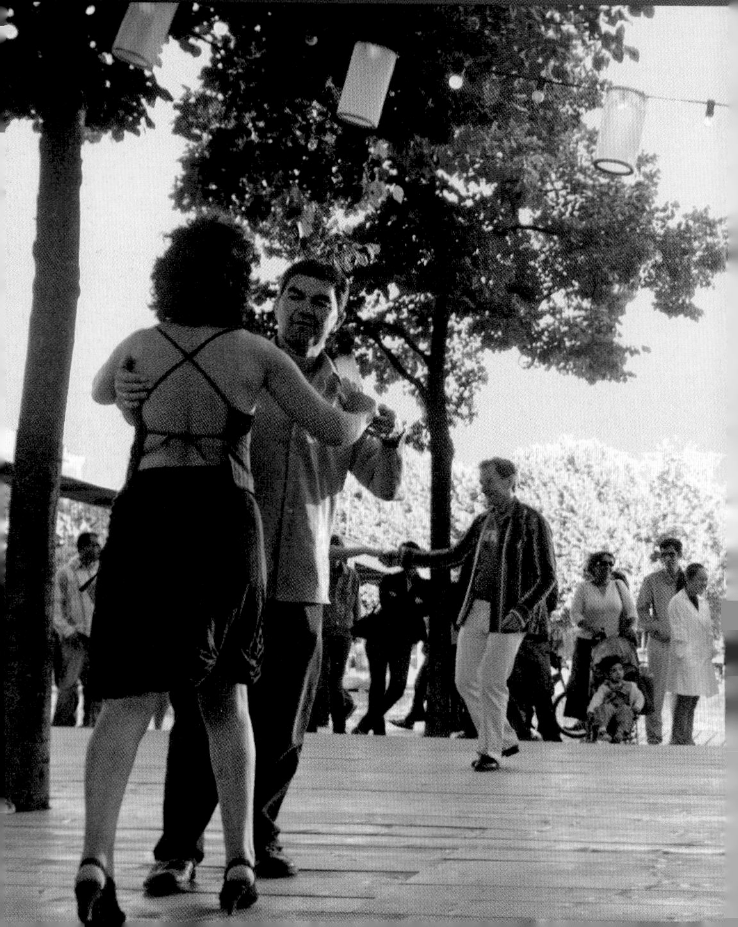

Le calendrier des sorties à prix réduits, des festivals gratuits et des promotions commerciales a de quoi remplir votre agenda ! Paris ne manque pas d'offres dans ce domaine. L'actualité de ces différents événements est diffusée sur les sites de la mairie de Paris (www.paris.fr), des offices du tourisme de Paris (www.parisinfo.com), et du Comité régional du tourisme Paris-Île-de-France (www.nouveau-paris-idf.com). La liste complète de toutes les manifestations paraît tous les mercredis dans *Pariscope* et *L'Officiel des spectacles* en vente dans les kiosques et chez les marchands de journaux.

Paris Plages (p. 13) investit le bassin de la Villette

La fête de la Musique (p.12), qui secoue la capitale le 21 juin, déclare ouvert l'été

JANVIER

Soldes d'hiver

www.dgccrf.bercy.gouv.fr

Début des soldes d'hiver, le premier ou le deuxième mercredi de janvier. Fixés par décret, ils durent cinq semaines et offrent des rabais de 30 à 70%.

Le mois du blanc

Durant le mois du blanc, les grands magasins, comme les boutiques spécialisées, vendent le linge de maison à prix réduits.

Festival cinéma Télérama

www.telerama.fr/festivalcinema

Fin janvier. Lors de ce festival organisé par *Télérama* pendant sept jours, il vous est donné de voir ou revoir les 15 meilleurs films de l'année écoulée, sélectionnés par le magazine. Pass pour deux personnes à découper dans *Télérama* pour bénéficier de places à 3 €.

FÉVRIER

Nouvel An Chinois

www.paris.fr

Fin janvier-début février, des défilés de dragons et des fêtes éclairées aux lampions animent le quartier chinois de Paris (XIIIe), entre la place d'Italie et l'avenue de Choisy.

Carnaval de Paris

http://carnaval-paris.org

Début février. Dans la tradition du carnaval médiéval, un défilé festif et coloré qui réchauffe les rues de la capitale.

MARS

Banlieues Bleues

www.banlieuesbleues.fr

Mars-avril. Cinq semaines de concerts jazz, blues, world, soul, funk et R'n'B qui ont lieu dans les communes limitrophes, telle Saint-Denis, avec des artistes de renom se produisant sur scène ou dans la rue.

Printemps des poètes

www.printempsdespoetes.com

Deux semaines en mars. Un peu de poésie dans ce monde de brutes ! Spectacles, expositions, lectures, débats dans divers lieux de la capitale.

Printemps du cinéma

www.printempsducinema.com

Trois jours fin mars. Cette opération permet d'aller dans les salles de cinéma partenaires qui pratiquent un tarif de 3,50 € la séance.

Les "3J" des Galeries Lafayette

www.galerieslafayette.com

Mi-mars-début avril. Opération de promotions durant 15 jours dans le magasin.

Les "8 jours en or" du Printemps

www.printemps.com

Mi-mars. Dix jours de promotions organisés au Printemps Haussmann.

Les "TBM" au Bon Marché

www.treeslbm.com

Mi-mars. Dix jours de promotions organisés au Bon Marché Rive Gauche.

Les "3J" aux Galeries Lafayette

MAI

Portes ouvertes des ateliers d'artistes

www.ateliers-artistes-belleville.org
www.ateliersdemenilmontant.org
http://les-frigos.com
www.montmartre-aux-artistes.org
http://anversauxabbesses.free.fr

Les artistes de Belleville lancent la saison des portes ouvertes d'ateliers, suivis par ceux des Frigos (mai), du Père-Lachaise (mai), de Ménilmontant (septembre), de Montreuil (octobre), et de Montmartre (novembre-décembre).

AGENDA

Festival jazz à Saint-Germain-des-Prés

www.festivaljazzsaintgermainparis.com

Début mai. Au cœur de Saint-Germain-des-Prés, des concerts, dont certains gratuits (kiosques, rues…), et des expositions photos.

La Nuit européenne des musées

www.nuitdesmusees.culture.fr

De 19h à 1h du matin, un samedi de mai, mises en lumière, performances musicales, théâtrales et littéraires dialoguent avec les collections permanentes des musées, la plupart en accès libre.

JUIN

Festival Coulée Douce

http://progeniture.free.fr/

Trois jours mi-juin, dans le XIIᵉ. Spectacles de rue, petits bals, et animations destinées à tous, et plus particulièrement aux enfants.

Soldes d'été

www.dgccrf.bercy.gouv.fr

Début des soldes d'été, le dernier mercredi du mois de juin, durant cinq semaines.

Marche des Fiertés (Gay Pride)

www.marche.inter-lgbt.org

Marche festive et revendicative des fiertés lesbienne, gay, bi et trans. Chars excentriques, musique, danseurs et parade costumée.

Concert dans le cadre de Paris Plages

Fête de la Musique

www.fetedelamusique.culture.fr

Le 21 juin. Concerts dans toute la ville, dans les rues, les jardins, les bars et les cafés.

Fête du Cinéma

www.feteducinema.com

Sept jours fin juin-début juillet. Grâce à un carnet passeport remis à l'achat d'une place à tarif normal, les places suivantes sont à 3 €.

JUILLET

Paris Jazz Festival

www.parcfloraldeparis.com

Juin-juillet. Concerts gratuits de jazz au parc floral (route du Champs de Manœuvre, XIIᵉ, Ⓜ Château-de-Vincennes), tous les samedis et dimanches après-midi de juin et juillet.

Paris Cinéma

www.pariscinema.org

Fin juillet-début août. Ce festival de deux semaines, à cheval sur juillet et août, est devenu un événement important dans l'agenda estival des Parisiens. Un choix de salles de cinéma offrent l'occasion de voir des films rares et restaurés. Places et pass à prix réduits (5 € la séance, 25 € le Paris Ciné Pass).

Paris Plages

www.paris.fr/www.lefestivalfnac.com

De la fin juillet à la fin août, Paris se met à l'heure de la plage voie Georges-Pompidou, quai de la Gare et le long du bassin de la Villette (voir p. 97). Bals, animations diverses et concerts gratuits via le festival Indétendances.

Cinéma en plein air

www.villette.com

Mi-juillet à mi-août. Séances quotidiennes gratuites de cinéma, sur la pelouse du parc de la Villette (du mardi au dimanche à la tombée de la nuit). Tous les films sont projetés en VO sous-titrée.

Cinéma en plein air à la Villette

Festival Silhouette

www.association-silhouette.com

Fin août-début septembre. Un festival gratuit de courts-métrages projetés sur grand écran au parc des Buttes-Chaumont.

AOÛT

Paris Quartier d'été

www.quartierdete.com

Mi-juillet-début août. Danse, musique, théâtre, cirque et autres manifestations investissent parcs, squares, avenues et monuments de la capitale.

SEPTEMBRE

Festival d'Automne

www.festival-automne.com

Festival de danse, de musique, de théâtre et d'arts plastiques, qui se déroule durant tout l'automne dans différents lieux de la capitale.

Journées du Patrimoine

www.journeesdupatrimoine.culture.fr

Le troisième week-end du mois de septembre, des monuments et sites habituellement inaccessibles (palais de l'Élysée, hôtel Matignon…) sont ouverts au grand public.

La Rentrée du cinéma

www.rentreeducinema.com

Trois jours mi-septembre. Tous les films et toutes les séances à 4 € dans les cinémas participant à l'opération.

OCTOBRE

Nuit Blanche

www.paris.fr

Début octobre. Cette manifestation place l'art contemporain à la portée de tous et permet de découvrir un espace urbain parisien réinventé, le temps d'une nuit.

Fête des Vendanges de Montmartre

www.fetedesvendanges demontmartre.com

L'arrivée de la cuvée issue du Clos Montmartre est l'occasion de faire la fête, le deuxième week-end d'octobre.

Les "8 jours en or" du Printemps

www.printemps.com

Dix jours de promotions à partir de la mi-octobre au Printemps Haussmann.

Les "3J" des Galeries Lafayette

www.galerieslafayette.com

Mi-octobre. Opération de promotions durant 15 jours dans le magasin.

Les "TBM" au Bon Marché

www.treeslbm.com

Mi-octobre. Dix jours de promotions organisés au Bon Marché rive gauche.

Paris Plages (p. 13)

NOVEMBRE

Mois de la Photo

www.mep-fr.org

Plus d'une soixantaine d'expositions dans les galeries, musées et centres culturels de Paris. Toutes les années paires (Photoquai, biennale des images du monde, a lieu les années impaires). Entrée libre selon lieux et horaires (nocturnes gratuites à la Maison européenne de la photographie, par exemple).

DÉCEMBRE

Patinoire de l'Hôtel de Ville

www.paris.fr

De début décembre à début mars, une patinoire en plein air est installée devant l'Hôtel de Ville (accès libre, location des patins 5 €). Patinoires également à Montparnasse (parvis de la gare Montparnasse), et à la bibliothèque François-Mitterrand (av. de France, XIIIe).

>ZOOM SUR...

Vitrine des galeries Lafayette en période de promotions

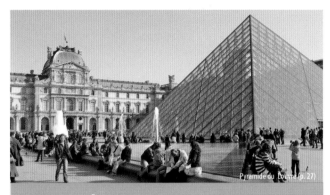

Pyramide du Louvre (p. 27)

>1 MUSÉES, LA CULTURE POUR TOUS

Loin d'être réservés à une élite, les musées parisiens mènent une politique d'ouverture et proposent un certain nombre de réductions et de jours de gratuité. Les collections permanentes des musées qui appartiennent à la ville de Paris, comme par exemple le musée d'Art moderne (p. 139), le Petit Palais (p. 143), le musée Carnavalet (p. 47), ou la maison de Victor-Hugo (p. 46) sont en accès libre pour tous et toute l'année. Les expositions présentées à l'Hôtel de Ville (p. 46), au Crédac d'Ivry-sur-Seine (p. 153), ou au Pavillon de l'Arsenal (p. 46) sont également gratuites. Les musées nationaux (Louvre p. 27, musée d'Orsay p. 163, musée du quai Branly p. 163, Centre Pompidou p. 27, pour ne citer qu'eux) réservent cette gratuité aux jeunes de moins de 26 ans, ressortissants de l'Union européenne (depuis avril 2009). Pour les autres visiteurs, l'entrée est libre le 1er dimanche de chaque mois. Les expositions temporaires de ces musées restent payantes pour tous. D'autres établissements organisent des nocturnes gratuites (Maison européenne de la photographie p. 47 ou Fondation Henri Cartier-Bresson p. 104). Si vous avez l'intention de visiter un grand nombre de monuments et de musées, le **Paris Museum Pass** (www.parismuseumpass.com), valable 2/4/6 jours (32/48/64 €), peut être intéressant. Il donne accès, sans attente aux guichets, à plus de 60 musées. Il est en vente dans les offices du tourisme, les établissements participants et les magasins Fnac.

Vitrine du stock Sonia Rykiel (p. 111)

>2 LA MODE À PRIX MINI

À Paris, l'élégance n'est pas qu'une histoire d'argent. Le chic parisien consiste plus que jamais à mixer les prix. Et à arborer un top H&M et un jean griffé. Les enseignes internationales (voir les spots dans l'encadré p. 32) et la multiplicité des périodes de promotion (voir l'agenda p. 10) ont considérablement démocratisé la mode. Les boutiques de stock ou de dégriffé multimarque permettent aussi de trouver des perles rares tout en faisant de très bonnes affaires. Installées dans le Marais (p. 48), à Montmartre (p. 127) ou dans le XIVᵉ (p. 108), elles vendent les collections de marques avec un rabais de 50% sur le prix d'origine. Pour ceux qui n'ont pas peur des vêtements d'occasion, les dépôts-ventes, présents dans tous les arrondissements (même les plus chics !), ne sont pas à négliger. Les plus tenaces tenteront leur chance dans les friperies ou lors des vide-greniers. Sur le Net, les ventes événementielles et le déstockage d'articles de marque sont la spécialité de certains sites. La plupart appliquent des réductions d'au moins 50% sur les vêtements et accessoires. Le paiement s'effectue en ligne par carte de crédit (tenez compte du prix de la livraison). Vous trouverez des bons plans en surfant notamment sur les sites suivants : www.bazarchic.com, www.espacemax.com, www.modanoo.com, www.poopoopidoo.fr, www.privateoutlet.fr/rushcollection, www.vente-privee.com et www.yoox.com.

La brocante, une des joies des Parisiens

>3 BROCANTES, L'OCCASION À PORTÉE DE MAIN

Chiner est une activité qui séduit un nombre croissant de Parisiens. Brocantes et vide-greniers investissent régulièrement les rues d'un quartier, le temps d'un week-end (en général du printemps à la fin de l'automne, dans tous les arrondissements de Paris). Professionnels et particuliers sont souvent côte à côte, les vide-greniers étant théoriquement réservés aux non-professionnels, qui vendent leurs effets personnels (meubles, vêtements, objets). Mieux vaut avoir sur vous des espèces (vous ne pourrez pas régler par carte de crédit), surtout si vous comptez marchander, comme le veut l'usage. Pour connaître les dates de ces déballages (ou, pourquoi pas, pour vous inscrire en tant que vendeur), consultez le site de la mairie de Paris www.paris.fr, ou www.vide-greniers.org, ou encore, le site www.info-brocantes.com.

Qui dit brocantes dit marchés aux puces. Il y a toujours de vraies affaires à dénicher parmi les antiquités, les vêtements rétro, les bijoux, les objets d'art et les meubles que l'on y trouve. Celui de Saint-Ouen offre une grande variété d'objets et de meubles, de la pièce de musée du marché Biron aux vieux fauteuils déglingués du marché Jules-Vallès. Les puces de Montreuil (p. 70) ressemblent davantage à une foire à tout, alors que celles de la Porte de Vanves (p. 112) déballent tous les week-ends, sur le trottoir, à la fois de belles pièces et du bric-à-brac.

Centre Pompidou (p. 27)

>4 EN FAMILLE

Vos enfants débordent d'énergie et les visites de musées ne sont pas forcément à leur goût ? Pour qu'ils puissent se dépenser à leur guise, les espaces verts parisiens sont très pratiques. Bien souvent, ils sont gratuits et dotés d'aires de jeux comme au parc de Belleville (p. 74), au parc de la Villette (p. 97), au parc des Buttes-Chaumont (rue Manin, XIXᵉ ; Ⓜ Buttes-Chaumont), où l'on peut aussi profiter des pelouses, au Jardin des Plantes (57 rue Cuvier, Vᵉ ; Ⓜ Jussieu ou Gare-d'Austerlitz) et au jardin des Enfants, aux Halles (1 rue Pierre-Lescot, Iᵉʳ ; Ⓜ Les Halles), ou encore au parc Montsouris (angle av. Reille et rue Gazan, XIVᵉ ; Ⓜ RER Cité-Universitaire), et, bien entendu, au bois de Vincennes où sont organisés, pour les 5-12 ans, les "Pestacles du parc floral" (bois de Vincennes ; tarif plein/réduit 5/2,50 € ; Ⓨ mer juin-sept ; Ⓜ Château-de-Vincennes). Dans les jardins (jardins du Ranelagh, parc Montsouris, parc floral...), des spectacles de marionnettes (2,70-3,50 €) sont donnés en général le mercredi et le week-end. Certains musées organisent, par ailleurs, des activités ludiques et culturelles pour les enfants, auxquelles les parents peuvent parfois participer : musée du Louvre (p. 27 ; ateliers 4-12 ans, 4,50 €, mer et sam) ; Centre Pompidou (p. 27 ; "ateliers impromptus" à partir de 5 ans, 1ᵉʳ dim du mois 15h-17h) ; palais de Tokyo (ateliers Tok-Tok, 5-10 ans à 12 €, 14h30-17h mer et sam ; parcours en famille enfant/parent 6 €/gratuit) ; musée du quai Branly (enfant/parent 6/8 €, sam) ; musée d'Orsay (p. 163 ; ateliers 5-12 ans, 6 €). Enfin, le **Cafézoïde** (01 42 38 26 37 ; www.cafezoide.asso.fr ; 92 bis, quai de la Loire, XIXᵉ ; participation 2 €, adhésion à l'année tarif plein/réduit 5/3 €, 10h-19h mer-dim ; Ⓜ Crimée) est un véritable café réservé aux enfants (jusqu'à 16 ans, parents bienvenus), où l'on vient jouer, voir des spectacles et participer aux diverses animations.

ZOOM SUR...

Façade du Paris Hanoï (p. 64)

>5 RESTAURANTS, CANTINES OU GRANDS CHEFS ?

Contrairement à ce que l'on peut penser, trouver un bon petit restaurant pas cher dans Paris n'est pas impossible ! Et cela même dans les arrondissements réputés pour être les plus onéreux de la capitale. Non seulement vous pourrez faire le tour des gastronomies du monde entier, mais vous pourrez aussi renouer avec la cuisine du terroir français dans l'un des bistrots parisiens – comme Le Petit Saint Benoît (p. 113) ou le Bistro des Augustins (p. 114) –, et profiter d'une atmosphère conviviale de quartier. Côté cuisine internationale, vous avez le choix : rendez-vous au Foyer Vietnam (p. 119), à La Crypte Polska (p. 146), chez Olsen (p. 147), chez Mazeh (p. 172), à la Briciola (p. 55), à L'As du Falafel (p. 54), au Nakagawa (p. 76), au Samsara (p. 76), au Tortilla 10 (p. 63), au Nioumré (p. 134), au Tyr (p. 39) ou encore chez Dishny (p. 90) par exemple. Il existe aussi de belles initiatives renforçant les liens entre les gens d'un même quartier, les clients de passage et les restaurateurs : les fameux "couscous gratuits" (voir l'encadré p. 80) qui permettent à tous, quel que soit le niveau social, de se retrouver autour d'un plat dans une joyeuse ambiance. Quant aux grands chefs, tels Yves Camdeborde, Joël Robuchon, Jacques Cagna ou encore Christian Constant, pour ne citer qu'eux, ils ont eu l'excellente initiative de proposer une cuisine créative à des prix fort raisonnables (voir l'encadré p. 116), dans des lieux accueillant une clientèle désireuse de connaître leur talent. Alors ne pensez surtout pas que seuls les fast-foods sont abordables !

Café Chéri(e) (p. 82)

>6 BARS, CLUBS ET MUSIQUE LIVE

Ça bouge, ça chante, ça mixe, ça joue de tous les instruments dans les bars, les clubs et autres lieux de sorties parisiens ! Dans les bars tout d'abord, où l'on vient prendre l'apéro tout en écoutant des chanteurs, comme au Limonaire (p. 94) ou au Vieux Belleville (p. 81), des groupes de musiciens en tout genre à L'Attirail (p. 56), au Lou Pascalou (p. 83), à La Mer à Boire (p. 80), et pourquoi pas une vraie fanfare à L'Assignat (p. 123). Il y en a à peu près pour tous les goûts, et bien souvent les concerts sont gratuits (parfois un chapeau passe entre les tables pour récupérer votre contribution !). Bien sûr, il existe des salles dédiées aux concerts, et celles que nous avons sélectionnées proposent des places à prix réduits ou des soirées accessibles librement (de même pour les clubs). Notez que durant les mois d'été, vous pouvez aller danser à la belle étoile, et à l'œil, sur les quais de la Seine (p. 123) ou sur les bords du bassin de la Villette (p. 97).

Pour obtenir des invitations aux concerts du moment, sachez que certaines radios font gagner des places : Radio Nova (www.novaplanet. com), FIP (www.fipradio.com), Radio Latina (www.latina.fr), Virgin Radio (www.virginradio.fr) et Radio Classique (www.radioclassique.fr), par exemple. On peut également assister à des concerts donnés dans les stations elles-mêmes, sur simple invitation, comme à la Maison de Radio France (voir p. 150), Fun Radio (www.funradio.fr), Europe 2 (www.europe2.fr), RTL (www.rtl.fr) ou NRJ (www.nrj.fr), entre autres.

ZOOM SUR...

Hall de la Comédie-Française (p.41)

>7 CINÉMA, THÉÂTRE ET CONCERTS CLASSIQUES

Assister à une pièce de qualité, à un opéra contemporain ou à un concert de piano n'est pas forcément ruineux. Il suffit d'un peu d'astuce pour trouver les bons plans.

CINÉMA

Cinéphiles, vous êtes vernis ! Pour voir autant de films que vous le désirez en bénéficiant de réductions, profitez des différentes cartes d'abonnement : la **carte "Illimitée UGC-MK2"** (☎ 01 76 64 79 64 ; www.ugc.fr ou www.mk2.com ; pour 1 pers, 19,80 €/mois) ou la **carte "Illimitée 2"** (pour 2 pers, 35 €/mois) sont valables tous les jours de l'année dans toutes les salles du réseau UGC-MK2 ainsi que dans certains cinémas indépendants (La Pagode p. 174, le Reflet Médicis p. 121, etc.). **"Le Pass"** (www.cinelepass.fr ; 19,80 €/mois) est valable dans les salles du réseau Gaumont & Pathé et des cinémas associés comme l'Escurial Panorama (p. 153). Autres cartes : **"Gaumont & Pathé 5 places"** (www.cinemasgaumontpathe.com ; 37,50 €,5 places valables 2 mois tlj), **"UGC 5"** (29,75 €, 5 places valables du dim 19h au ven 19h), **"UGC 7"** (39 €, 5 places valables tlj). Sachez également que les enfants, étudiants, familles nombreuses, chômeurs, militaires, les plus de 60 ans et les moins de 18 ans bénéficient de tarifs réduits dans certaines salles et à certaines séances. Pour les salles de cinéma du Quartier latin pratiquant des tarifs avantageux, reportez-vous à l'encadré p. 121. Par ailleurs, de nombreuses manifestations et festivals ont lieu dans la capitale : voir l'agenda p. 10 pour plus de précision.

THÉÂTRE

De façon générale, les théâtres subventionnés proposent des tarifs très raisonnables compte tenu de la qualité des spectacles, et souvent moins élevés que dans les théâtres privés. Pour ces derniers, les billets invendus sont mis à disposition le jour même du spectacle à moitié prix (plus une commission d'environ 2,50 €), aux deux billetteries suivantes : **Kiosque Théâtre Madeleine** (en face du 15 place de la Madeleine, VIIIe ; 🕑 12h30-19h45 mar-sam, jusqu'à 15h45 dim ; Ⓜ Madeleine) et **Montparnasse Kiosque Théâtre** (parvis Montparnasse, XVe ; 🕑 12h30-19h45 mar-sam, jusqu'à 15h45 dim ; Ⓜ Montparnasse-Bienvenüe). Par ailleurs, les sites www.billetreduc.com et www.ticketac.com vendent des billets à prix réduits en ligne. Sachez également que les places des premières de certains théâtres sont en vente à moitié prix la première semaine de programmation (renseignements dans *Pariscope* ou sur les sites des théâtres), et qu'il existe des abonnements intéressants à prendre directement auprès des théâtres permettant d'assister aux spectacles à des prix avantageux.

CONCERTS DANS LES ÉGLISES

Certaines églises parisiennes programment des concerts gratuits, le plus souvent durant les week-ends. La bonne acoustique et le décorum des lieux ajoutent au plaisir d'écouter de la musique de qualité. La sélection ci-dessous inclut les concerts aux horaires les plus accessibles à tous :

Église américaine (65 quai d'Orsay, VIIe ; 🕑 concerts 17h dim ; Ⓜ Invalides), **église de la Madeleine** (place de la Madeleine, VIIIe ; 🕑 concerts 16h plusieurs dim par mois ; Ⓜ Madeleine), **église Saint-Eustache** (www.saint-eustache.org ; 2 impasse Saint-Eustache, Ier ; 🕑 concerts d'orgues 17h30 dim ; Ⓜ Châtelet-Les Halles), **église Saint-Merri** (www.accueilmusical.com ; 76 rue de la Verrerie, IVe ; 🕑 concerts 20h sam, 16h dim ; Ⓜ Hôtel-de-Ville ou Châtelet-Les Halles), **cathédrale Notre-Dame de Paris** (www.notredamedeparis.fr ; 6 parvis Notre-Dame-place Jean-Paul II, IVe ; 🕑 concerts 16h30 dim ; Ⓜ Cité ou Saint-Michel), **chapelle Saint-Bernard de Montparnasse** (http://chapellestbernard.free.fr ; 34 place Raoul-Dautry, XVe ; 🕑 concerts réguliers 20h30 sam et 16h dim ; Ⓜ Montparnasse-Bienvenüe).

> LES QUARTIERS

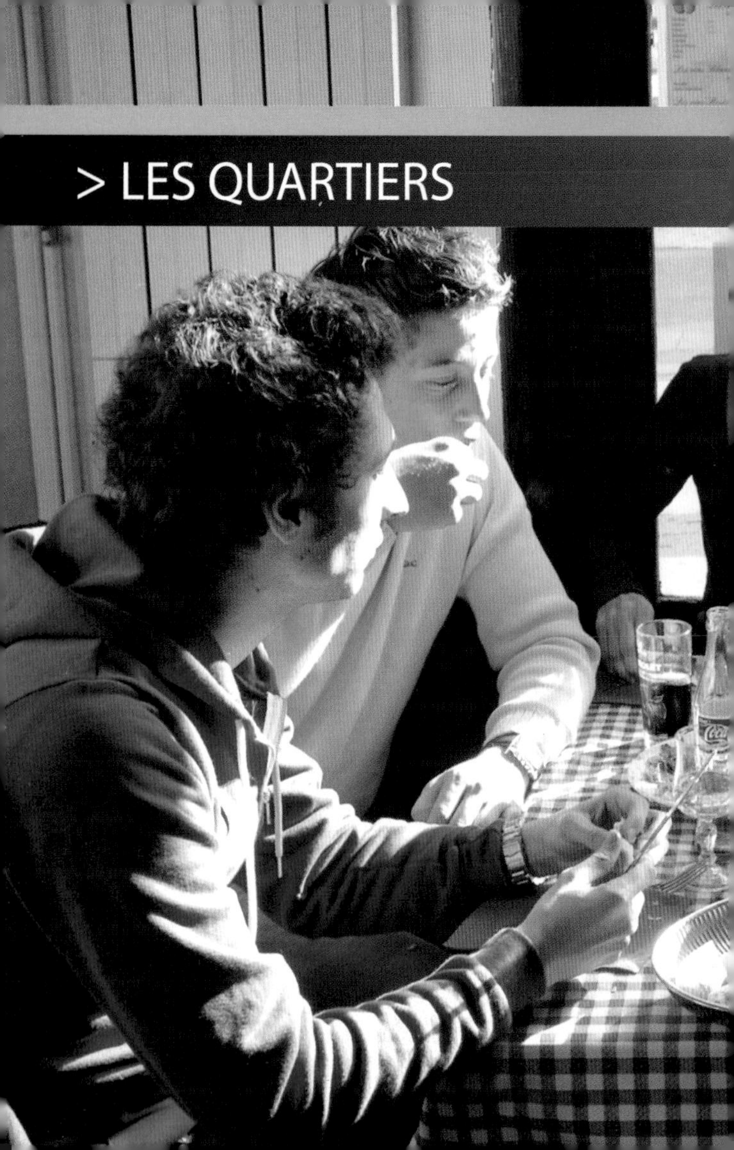

Chez Gladines (p. 155)

>OPÉRA, LOUVRE, LES HALLES

La station Châtelet-Les Halles, au centre de Paris, est un important nœud du trafic métropolitain. De là, on accède directement au Forum des Halles, un grand centre commercial souterrain. Occupé avant les années 1970 et la construction du Centre Pompidou, par de vastes halles, le Forum a conservé sa vocation marchande dans un secteur qui se partage entre l'Opéra et le Louvre. Sur la rive droite de la Seine, à la fois centre historique de la capitale et vaste terrain de chasse pour les accros au shopping, on trouve autant d'édifices prestigieux, comme le Louvre, le Palais-Royal ou l'Opéra, que de boutiques et de restaurants aux prix abordables. Dans ce quartier, on peut aisément aller voir un spectacle de qualité au théâtre ou à l'opéra, visiter le plus célèbre musée du monde, tout en ayant le plaisir de partager une bonne table, et cela sans se ruiner ! Alors, descendez à la station Châtelet, vous avez tout à y gagner !

OPÉRA, LOUVRE, LES HALLES

⚫ SE CULTIVER

Centre Pompidou – Musée national d'Art moderne	1	G5
Musée de l'Orangerie	2	A4
Musée du Louvre	3	E5
Musée du Parfum	4	C1
Théâtre-musée des Capucines	5	C2

🏠 SHOPPING

Bershka	6	F5
Book Off	7	D2
Celio	8	F5
Celio	9	F5
Etam	(voir 9)	
Etam	10	C1
Forum des Halles	11	F4
Galeries Lafayette Haussmann	12	C1
GD Expansion	13	F2
Hermine de Pashmina	14	E4
H&M	15	G6
H&M	16	F5
Kookaï Stock	17	G3
Uniqlo	18	C1
La Marelle	20	E3
Mona Lisait	21	G5
Mona Lisait	22	F5
Printemps Haussmann	24	B1
Zara	25	C1
Zara	26	E5

🍽 SE RESTAURER

Aki	27	D3
Bioboa	28	C3
Bistrot Victoires	29	E3
Café Pistache	30	E3
L'Épi d'or	31	E4
Cojean	32	C3
Cojean	33	E5
Cojean	34	B2
Cojean	35	D1
Dame Tartine	36	G5
Domaine de Lintillac	37	D2
Higuma	38	D3
Kunitoraya	39	D3
La Ferme	40	C3
Le Dénicheur	41	G4
Le Mesturet	42	D2
Le Pavé	43	G5
Mémère Paulette	44	E3
Naniwa-Ya	(voir 27)	
New Balal	45	D1
Tyr	46	D2
Entre 2 rives	55	D2

🍸 PRENDRE UN VERRE ET SORTIR

Comédie-Française	47	D4
Forum des images	(voir 11)	
Le Rubis	48	C3
Le Tambour	49	F3
Le Troisième Lieu	50	G5
Palais Garnier	51	C2
Social Club	52	E2
Studio-Théâtre	53	D4
Sunset-Sunside	54	F5

Voir carte page suivante

👁 SE CULTIVER

Le centre de Paris regroupe des musées que le monde nous envie. Prestigieux, certes, ils n'en restent pas moins accessibles, au regard des musées de leur envergure dans le reste du monde.

💿 CENTRE POMPIDOU – MUSÉE NATIONAL D'ART MODERNE

☎ 01 44 78 12 33 ; www.centrepompidou. fr ; place Georges-Pompidou, IVᵉ ; musée et expositions tarif plein/réduit 10 ou 12/8 ou 9 € selon période, gratuit 1ᵉʳ dim du mois sauf expositions ; 🕙 11h-21h tlj sauf mar, nocturne jeu jusqu'à 23h pour les grandes expositions ; Ⓜ Rambuteau Duchamp, Beuys, Pollock, Rothko, Dali, Picasso, Bacon, Magritte, Arp, Klein, Ernst, Giacometti, Lam, Dix, Tinguely, Léger, Dubuffet… L'exceptionnelle collection du musée national d'Art moderne, regroupant notamment des pièces fauves, surréalistes, cubistes, pop art, mais aussi des œuvres contemporaines, peut se découvrir librement le premier dimanche de chaque mois. La reconstitution de l'atelier du sculpteur Brancusi (1876-1957), dont on peut voir de nombreuses œuvres, est également en accès libre du mercredi au lundi de 14h à18h. Quant au sous-sol et à la mezzanine, ils accueillent parfois des petites expositions en libre accès.

Le parvis toujours animé du Centre Pompidou

💿 MUSÉE DU LOUVRE

☎ 01 40 20 53 17 ; www.louvre.fr ; place du Louvre, Iᵉʳ ; collections permanentes 9,50 €, combinées avec expositions temporaires 14 €, gratuit 1ᵉʳ dim du mois sauf expositions temporaires ; 🕙 9h-18h tlj sauf mar, nocturne mer et ven jusqu'à 22h ; Ⓜ Palais-Royal-Musée-du-Louvre
Ce palais des merveilles, qui, pour moins de 10 € délivre ses trésors, d'une richesse inestimable, vous est accessible gratuitement le premier dimanche de chaque mois : profitez-en pour aller admirer les éblouissantes collections d'antiquités orientales, égyptiennes, grecques, étrusques et romaines, ou les arts de l'islam, les

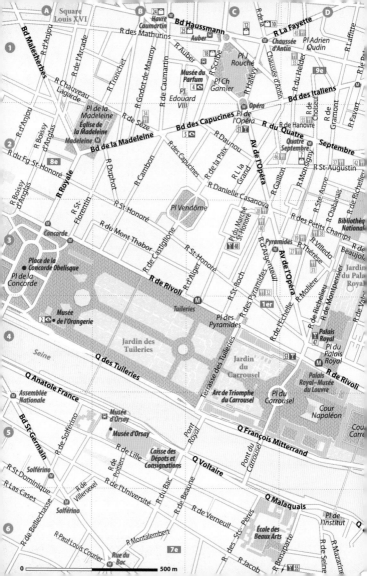

peintures, les sculptures, les objets d'art et les arts graphiques de ce labyrinthique musée. *La Dentellière* (1670) de Vermeer, *Le Radeau de la Méduse* (1819) de Géricault, la *Vénus de Milo* (vers 100 av. J.-C.), le *Scribe accroupi* (2620-2500 av. J.-C.), et *Les Noces de Cana* (1563) de Véronèse sont quelques-uns des milliers de chefs-d'œuvre du Louvre.

◎ MUSÉE DE L'ORANGERIE

☎ 01 44 77 80 07 ; www.musee-orangerie.fr ; jardin des Tuileries, Ier ; tarif plein/ réduit 7,50/5,50 €, gratuit 1er dim du mois sauf expositions temporaires ; ⏱ 9h-18h tlj sauf mar ; Ⓜ Concorde

Pause au soleil dans la cour du Louvre (p. 27)

Dans ce musée fraîchement rénové et inondé de lumière, les *Nymphéas* (1914-1926) de Claude Monet sont à l'honneur. Mais on verra également les étonnantes collections de Jean Walter et de Paul Guillaume, qui comprennent d'autres peintures de Monet et de nombreuses œuvres de Sisley, Renoir, Derain, Cézanne, Gauguin, Van Dongen, Soutine, Picasso, Matisse et Modigliani. Situé au cœur du jardin des Tuileries, le musée offre l'occasion de faire une délicieuse balade dans les superbes jardins à la française.

◎ MUSÉE DU PARFUM

☎ 01 47 42 04 56 ; www.fragonard.com ; 9 rue Scribe, IIe ; entrée libre, visite guidée gratuite ; ⏱ 9h-18h lun-sam, 9h-17h dim ; Ⓜ Opéra

Ce musée, qui dépend de la parfumerie Fragonard, de Grasse, vous révélera gratuitement les secrets de la fabrication d'un parfum. Après une visite guidée, vous pourrez bien sûr acheter des essences à moindre coût. Un peu plus au sud, au 39 bd des Capucines, son annexe, le **Théâtre-musée des Capucines** (entrée libre ; ⏱ 9h-17h30 lun-sam) présente essentiellement des flacons, en cristal de Bohême notamment.

🛍 SHOPPING

Entre les boutiques de luxe et les antres de la branchitude, se trouvent de bonnes adresses où

Mille et une essences au musée du Parfum

satisfaire pour pas cher ses caprices de *fashionista*.

🏠 HERMINE DE PASHMINA
Cachemires

☎ 01 42 60 53 06 ; www.hermine-de -pashmina.fr ; 32 rue Croix-des-Petits- Champs, Ier ; 🕐 14h-19h lun, 10h-19h mar-sam ; Ⓜ Louvre-Rivoli

Votre garde-robe souffre de l'absence cruelle d'un cachemire que vous ne pouvez vous offrir ? Allez chez Hermine de Pashmina ! Cette boutique acidulée, à la façade rose fuchsia, est spécialisée dans le cachemire de qualité, produit en Mongolie et estampillé commerce équitable. Les pulls, robes, gilets, polos hommes, femmes, enfants, 100% cachemire, déclinés en plusieurs couleurs, sont vendus à prix tout

aussi doux que la fameuse laine (à partir de 50 €) ! Réductions sur le site Internet. Deux autres adresses dans Paris voir p. 110 et p. 145.

🏠 BOOK OFF
Librairie d'occasion

☎ 01 42 60 00 66 ; 11 rue Monsigny, IIe ; 🕐 10h-19h30 tlj sauf dim ; Ⓜ Quatre- Septembre ou Pyramides

Voilà une très bonne adresse pour qui aime acheter des livres d'occasion vraiment pas chers et en excellent état (certains paraissent plus neufs que neufs) ! La librairie Book Off, qui dans son autre boutique vend uniquement des articles en japonais (voir l'encadré p. 37), propose ici, sur deux niveaux, des livres à partir de 1 € (en poche ou en grand format), des CD à 4 € et des DVD à 5 €. Certes

LES BONS SPOTS SHOPPING

Rive droite, toutes les grandes enseignes ont pignon sur rue, et les clients à l'affût de la bonne affaire parcourent les grandes artères entre Opéra, Les Halles et la rue de Rivoli, où abondent les chaînes de magasins à petits prix. En hiver comme en été, durant les périodes de soldes, les rues débordent de monde. Les grands magasins, comme les Galeries Lafayette ou le Printemps, d'ordinaire plutôt tournés vers le luxe, font des remises appréciables ! Passage en revue des secteurs clefs…

■ **Opéra** – Les chaînes de magasins de prêt-à-porter rivalisent avec les **Grands Magasins** : les **Galeries Lafayette Haussmann** (☎ 01 42 82 34 56 ; www.galerieslafayette.com ; 40 bd Haussmann, IXᵉ ; 🕑 9h-20h sauf dim, jeu jusqu'à 21h ; Ⓜ Chaussée-d'Antin ou Havre-Caumartin) et le **Printemps Haussmann** (☎ 01 42 82 50 00 ; 64 bd Haussmann, IXᵉ ; 🕑 9h35-20h tlj sauf dim, jeu jusqu'à 22h ; Ⓜ Havre-Caumartin). Grands magasins historiques, parmi les premiers à avoir démocratisé la mode, ces deux enseignes sont aujourd'hui davantage orientées vers les grandes marques. Mais les semaines de promotion les ramènent à la portée de tous. Les "3J" des Galeries Lafayette (15 jours de remises, de mi-mars à début avril, ainsi qu'en octobre) ou les "8 jours en or" du Printemps (10 jours en mars) font partie des diverses opérations commerciales (le mois du blanc en janvier, les soldes d'hiver et d'été, etc.), qui les rendent plus abordables tout au long de l'année. Tout autour, une ribambelle de chaînes internationales se bousculent. Citons **H&M** (☎ 01 55 31 92 50 ; www.hm.com ; 54 bd Haussmann, IXᵉ ; 🕑 9h30-20h30 tlj sauf dim, jeu jusqu'à 21h ; Ⓜ Havre-Caumartin), **Etam** (☎ 01 40 16 80 06 ; 42 rue de la Chaussée-d'Antin ; IXᵉ ; 🕑 10h-20h tlj sauf dim ; Ⓜ Chaussée-d'Antin ou Havre-Caumartin), **Zara** (☎ 01 40 98 01 46 ; 39-41 bd Haussmann, IXᵉ ; 🕑 10h-20h tlj sauf dim ; Ⓜ Chaussée-d'Antin ou Havre-Caumartin) ou le tout nouveau **Uniqlo** (☎ 01 58 18 30 55 ; 17 rue Scribe, IXᵉ ;

le choix n'est pas énorme, mais on y trouve une bonne sélection de titres, et un accueil charmant. CB à partir de 10 €. Autre adresse : 90 rue du Faubourg-Saint-Antoine, XIIᵉ (☎ 01 58 51 21 70).

🏠 LA MARELLE
Dépôt-vente
☎ 01 42 60 08 19 ; 21-25 galerie Vivienne, IIᵉ ; 🕑 10h30-18h30 lun-ven, 12h30-18h30 sam ; Ⓜ Bourse

À l'intérieur de la superbe galerie Vivienne, ce dépôt-vente de qualité propose des vêtements griffés de seconde main et quelques chaussures. On y trouve un peu tous les styles, qu'ils soient de grandes marques (Max Mara, Tehen, Maje, Agnès b., Ventilo, Lilith, Yamamoto…) ou pas. Un bon spot pour les élégantes qui ne veulent pas trop grever leur budget "petites folies".

10h-20h lun-mer et ven-sam, jusqu'à 21h jeu ; M Chaussée-d'Antin, Havre-Caumartin ou Opéra).

■ **Les Halles** – Shopping à tous les étages au Forum des Halles ! Ce labyrinthique **centre commercial** (☎ 01 44 76 96 56 ; 101 porte Berger, Ier ; www.forumdeshalles.com ; 🕘 10h-20h tlj sauf dim ; M Châtelet-Les Halles) qui s'enfonce sur 5 niveaux dans les entrailles de Paris, accueille toutes les grandes chaînes de prêt-à-porter féminin et masculin (Mango, Promod, H&M, Zara, Etam, Celio, Jules…) et compte presque 200 magasins (Fnac, Habitat, Muji, Sephora, Marionnaud, etc.). Les rues alentour sont aussi pourvues de nombreuses boutiques qui pratiquent des prix identiques.

■ **Rue de Rivoli** : à deux pas du Forum des Halles, et même si la Samaritaine a fermé ses portes, la rue de Rivoli est un autre spot réputé pour le shopping. Entre l'Hôtel de Ville et la station de métro Louvre-Rivoli, sur fond d'immeubles haussmanniens, se sont installées les mêmes enseignes à petits prix (H&M, Mango, Etam, Zara, Celio, Mango…), qui attirent une foule impressionnante tous les samedis, et rendent la rue limite praticable. Voici une sélection non-exhaustive de quelques-unes d'entre elles : **Bershka** (☎ 01 40 13 78 23 ; www.bershka.com ; 128 rue de Rivoli, Ier ; 🕘 10h-20h tlj sauf dim ; M Châtelet), **Promod** (☎ 01 40 39 09 24 ; 110 rue de Rivoli, Ier ; 🕘 10h-19h tlj sauf dim ; M Châtelet), **H&M** (☎ 01 55 34 96 86 ; www.hm.com ; 88 et 120 rue de Rivoli, Ier ; 🕘 10h-20h tlj sauf dim ; M Châtelet ou Hôtel-de-Ville), **Mango** (☎ 01 44 59 80 37 ; www.mango.com ; 82 rue de Rivoli, IVe ; 🕘 10h-19h tlj sauf dim ; M Châtelet ou Hôtel-de-Ville), **Zara** (☎ 01 44 54 20 42 ; www.zara.fr ; 75 rue de Rivoli, IVe ; 🕘 10h-20h tlj sauf dim ; M Châtelet), **Etam** (☎ 01 44 76 73 73 ; www.etam.com ; 67-73 rue de Rivoli, Ier ; 🕘 10h-19h tlj sauf dim ; M Châtelet), **Celio** (☎ 01 40 28 44 82 ; www.celio.com ; 49 et 65 rue de Rivoli, Ier ; 🕘 10h-19h tlj sauf dim ; M Châtelet).

🏠 KOOKAÏ STOCK
Stock prêt-à-porter
☎ **01 45 08 93 69 ; 82 rue Réaumur, IIe ;**
🕘 **10h30-19h30 tlj sauf dim ;**
M **Réaumur-Sébastopol**

Pour les aficionadas de la marque, cette boutique de stock est une vraie aubaine. Ici, les collections des saisons précédentes se vendent avec une ristourne allant de 50 à 70% sur le prix initial. Une adresse à

retenir pour son grand choix et ses nombreuses tailles disponibles.

🏠 GD EXPANSION
Stock prêt-à-porter
☎ **01 42 33 38 39 ; 19 rue du Sentier, IIe ;**
🕘 **10h-19h tlj sauf dim ;** M **Sentier**

Cela faisait un bout de temps que vous reluquiez dans les boutiques la tunique Gérard Darel, qui irait si bien avec votre dernier jean, mais le prix vous arrêtait. Sur les portants de ce magasin, les vêtements de la marque affichent des réductions de 30 à 60%. Alors, faites-vous plaisir et achetez-la, cette tunique !

📕 MONA LISAIT
Librairie d'occasion

☎ **01 42 74 03 02 ; 9 rue Saint-Martin, IVᵉ ;** 🕙 **10h-20h tlj ;** Ⓜ **Hôtel-de-Ville**

À la recherche d'un livre d'art au prix d'un poche ? Mona Lisait est votre caverne d'Ali Baba ! Cette librairie d'occasion présente une large sélection de beaux livres et de livres pratiques datant de plusieurs années, mais souvent comme

Cachemire colorés chez Hermine de Pashmina (p. 31)

neufs, à des prix rikiki (à partir de 3 €). Autre adresse aux Halles, place Joachim-du-Bellay. Pas de paiement par chèque.

🍴 SE RESTAURER

Une bonne table à prix doux près de la place des Victoires ou du Palais-Royal, ça n'existe pas ? Eh bien, si ! Les monuments du quartier, si prestigieux soient-ils, s'accompagnent de leur lot de petites adresses sans prétention. Complétez votre balade dans le centre historique, par un bon repas à prix modeste.

🍴 BIOBOA *Cuisine bio*

☎ **01 42 61 17 67 ; www.bioboa.fr ; 3 rue Danielle-Casanova, Iᵉʳ ; menu à partir de 10 €, plats à partir de 6 € ;** 🕙 **tlj sauf dim ;** Ⓜ **Pyramides ou Opéra**

Rien de tel qu'une petite pause bio pas chère pour recharger sainement les batteries. Chez Bioboa vous attendent des plats et en-cas à emporter ou à consommer sur place, dans une salle aux allures zen où le blanc domine. On commande au comptoir (pour les plats chauds) ou l'on se sert directement dans la vitrine réfrigérée. Tout est fait maison et bio à 90% (même les couverts sont en bois !). L'omelette bio aux pleurotes (6 €), le risotto de quinoa aux courgettes (9,50 €) et la compote maison (2,50 €) sont vraiment délicieux. Menu à 10 €,

Le bio en self-service à La Ferme

(entrée, plat et dessert). Accueil sympathique.

🍴 LA FERME *Self bio*
☎ 01 40 20 12 12 ; 55-57 rue Saint-Roch, Iᵉʳ ; menus à partir de 9,80 € ; 🕑 8h-20h lun-ven, 9h-19h sam, 10h-19h dim ; Ⓜ Pyramides

C'est sain et c'est (presque) tout bio ! Dans ce self-service tendance où la déco fait la part belle au bois, les menus affichent des tarifs attractifs. Le menu Bio à 12 €, par exemple, inclut un plat du jour (parmentier de canard, blanquette…), un pain bio, un dessert (crumble aux fruits rouges, fondant…) et une boisson (jus de fruits ou jus de légumes frais). Menu salade à 11,50 € pour les appétits légers et café à 1,80 €. Par beau temps, emportez votre sandwich ou votre salade pour un pique-nique au jardin des Tuileries, juste à côté.

🍴 BISTROT VICTOIRES
Français traditionnel
☎ 01 42 61 43 78 ; 6 rue La Vrillière, Iᵉʳ ; salades à partir de 8,50 €, plats à partir de 10 € ; 🕑 tlj ; Ⓜ Bourse

Avec son cadre à l'ancienne, version Belle Époque, et ses prix avantageux pour un établissement situé juste à côté de la place des Victoires, ce restaurant est une bonne affaire. Les plats à l'ardoise (entrecôte grillée au thym, confit de canard, poulet rôti au jus et purée maison) sont à 10 € le midi et à 11 € le soir. Les entrées sont à 5,50 € le soir. Grandes salades composées et tartines Poilâne à 8,50 € (9 € le soir). CB à partir de 16 €.

QUARTIERS

OPÉRA, LOUVRE, LES HALLES

🍴 CAFÉ PISTACHE *Néobistrot*
☎ 01 40 20 43 39 ; 9 rue des Petits-Champs, Ier ; salades à partir de 10 €, plats à partir de 10 €, plat du jour 12 € ; 🕙 tlj sauf dim ; Ⓜ Palais-Royal ou Bourse
À l'angle de la rue des Petits-Champs et de la rue Vivienne, la façade couleur pistache et les tables en fer de ce bistrot relooké attirent une clientèle qui vient pour la cuisine bien faite et les prix plutôt serrés pour le quartier. À vous donc la belle entrecôte à la plancha et sa purée maison (12 €), les copieuses salades composées (10-11 €), les plats de pâtes (à partir de 11 €) ou le plat du jour (12 €), proposés midi et soir.

Lignes graphiques-rétro du café Pistache

Les jardins du Palais-Royal, à deux pas, vous laisseront le loisir d'une petite promenade digestive !

🍴 COJEAN
Sandwicherie chic
☎ 01 42 96 00 50 ; www.cojean.fr ; 10 rue des Pyramides, Ier ; sandwichs 2,80-6,50 €, plats à partir de 8,70 €, jus 3-4,50 € ; 🕙 8h30-18h lun-ven, 10h-17h sam ; Ⓜ Tuileries ou Palais-Royal-Musée-du-Louvre
Parfait pour une pause déjeuner (voir la description de l'établissement p. 147). Autres adresses : 3 place du Louvre (métro Louvre-Rivoli), dans le 1er , 6 rue de Sèze (métro Madeleine) et 17 bd Haussmann (métro Chaussée-d'Antin-Lafayette ou Opéra), dans le IXe.

🍴 MÉMÈRE PAULETTE
Français traditionnel
☎ 01 40 26 12 36 ; 3 rue Paul-Lelong, IIe ; menus à partir de 17 € ; 🕙 tlj sauf sam soir, dim et lun ; Ⓜ Bourse ou Sentier
"Paulette, Paulette, tu es la reine des paupiettes" ! On aurait presque ce refrain en tête une fois entré chez Mémère Paulette. Sur les tables nappées de toile cirée défilent saucisse de Lyon, paupiettes de canard, poulet fermier rôti… Pour 17 € le menu du midi (23 € le soir), vous mangerez des plats du terroir bien mitonnés, qui réjouiront en plus les gros appétits, tant ils sont copieux. On a même du mal,

BON PRIX MADE IN JAPAN

Dans la rue Sainte-Anne, qui relie l'avenue de l'Opéra et la rue Saint-Augustin, un chapelet de restaurants japonais offrent un dépaysement à la fois culinaire et visuel. C'est aussi l'un des meilleurs spots pour dîner pas cher dans l'hypercentre de Paris. La plupart de ces tables japonaises proposent des plats savoureux et exotiques, dont les prix débutent à 5 €. Vous n'aurez que l'embarras du choix ! Sélection des meilleures adresses .

■ **Higuma** (☎ 01 47 03 38 59 ; 32 bis rue Sainte-Anne, Iᵉʳ ; menus à partir de 10 €, curries à partir de 8 € ; ☯ tlj ; Ⓜ Pyramides ; autre adresse ☎ 01 58 62 49 22 ; 163 rue Saint-Honoré, Iᵉʳ; mêmes tarifs ; ☯ tlj ; Ⓜ Palais-Royal-Musée-du-Louvre ou Tuileries). Dans cette classique cantine japonaise, où l'on voit les cuisiniers s'affairer, on fait la queue sur le trottoir dès l'heure du déjeuner pour savourer un des plats frais, à des prix imbattables.

■ **Kunitoraya** (☎ 01 42 97 54 27 ; 39 rue Sainte-Anne, Iᵉʳ ; *udon* à partir de 5 €, plats à partir de 8 € ; ☯ tlj ; Ⓜ Pyramides). Là aussi on se presse (au propre comme au figuré car on mange au comptoir) pour les délicieux *udon*, bon marché, si copieux qu'ils feront votre repas. Pas de CB.

■ **Aki** (☎ 01 47 03 33 65 ; 11 bis rue Sainte-Anne, Iᵉʳ ; *udon* à partir de 7,50 €, plats à partir de 9 € ; ☯ tlj sauf dim ; Ⓜ Pyramides). *Soba* aux algues marines, plats mijotés avec du riz servis dans de grand bols profonds (*donburi*), *udon*... un éventail de plats pour tous les goûts et toujours très abordables. Pas de CB.

■ **Naniwa-Ya** (☎ 01 40 20 43 10 ; 11 rue Sainte-Anne, Iᵉʳ ; menus midi à partir de 8,50 €, plats à partir de 5 € ; ☯ tlj ; Ⓜ Pyramides). Ici aussi ça dépote, et la clientèle, qui s'attable à midi pour les menus pas chers, vient aussi le soir pour les délicieux et inventifs plats à la carte, les "variations du soir" (à partir de 5 €).

Par curiosité, ou pour ceux qui lisent le japonais, ne manquez pas de faire un tour à la librairie **Book Off** (☎ 01 42 60 04 77 ; 29-31 rue Saint-Augustin, IIᵉ ; ☯ 10h-19h30 tlj sauf dim ; Ⓜ Pyramides), où les livres (surtout des mangas, à partir de 1 €), CD et DVD sont en VO. Cette librairie vend aussi des livres d'occasion, en français, dans une autre boutique (voir p. 31).

Façade du Kunitoraya (p. 37)

parfois, à finir son assiette ! Belle carte des vins.

🍴 ENTRE 2 RIVES *Vietnamien*
☎ 01 42 66 15 11 ; 1 rue de Hanovre, IIᵉ ; plats à partir de 10 €, menu soir 19 € ; 🕑 tlj sauf sam et dim ; Ⓜ Quatre-Septembre
Design rouge et noir, grands tabourets et quelques tables, le cadre dénote, pour une adresse vietnamienne où l'on n'affiche aucun folklore, mais une rigueur que l'on retrouve dans l'assiette. Phô, raviolis, crêpes vietnamiennes…la carte classique se décline sans glutamate et avec finesse et savoir-faire, loin des fast-foods asiatiques. L'avantage est donné plus à la qualité qu'à la quantité. Une adresse discrète, qui mérite que l'on y accoste.

🍴 DOMAINE DE LINTILLAC
Français traditionnel
☎ 01 40 20 96 27; www.lintillac-paris. com ; 10 rue Saint-Augustin, IIᵉ ; plats à partir de 9,50 € ; 🕑 tlj ; Ⓜ Bourse
Voir la description du restaurant p. 169.

🍴 LE DÉNICHEUR
Café-restaurant
☎ 01 42 21 31 01 ; 4 rue Tiquetonne, IIᵉ ; salades 9,90 €, plats à partir de 10,90 € ; 🕑 tlj ; Ⓜ Étienne-Marcel
Une petite salle très colorée au style décontracté, avec aux murs un peu de tout – des photos, quelques mosaïques, des objets insolites chinés ici et là – et de la vaisselle dépareillée sur les tables, vous accueille pour vous servir des plats de pâtes très basiques

(10,70/12,50 € midi/soir) et des salades sans prétention (9,70 €). Pas de CB.

🍴 TYR *Libanais*

☎ 01 49 24 09 45 ; 3 rue de la Michodière, IIᵉ ; plat du jour 8,50 €, assiettes 10 €, menus à partir de 13 € ; 🕐 tlj sauf dim ; Ⓜ Quatre-Septembre

Juste en face du théâtre de la Michodière, ce restaurant libanais sans grande surprise tant en terme de décor que de cuisine, a toutefois le mérite, pour le quartier, de garder la mesure des prix : menu à 13 € pour le déjeuner, grillades entre 12 et 15 € ou grande assiette végétarienne à 12,50 €. Le menu à 18 €, servi midi et soir, comprend un apéritif maison, des hors-d'œuvre, un plat, un *kafta* ou un *chiche taouk* et un dessert.

🍴 LE MESTURET
Français traditionnel

☎ 01 42 97 40 68 ; www.lemesturet. com ; 77 rue de Richelieu, IIᵉ ; repas au comptoir à partir de 9 € ; 🕐 tlj sauf sam et dim Ⓜ Quatre-Septembre ou Bourse

Voici une adresse qui sait s'adapter aux temps difficiles : au Mesturet, vous pourrez prendre votre repas au comptoir et ainsi bénéficier de la très bonne cuisine du chef tout en payant moins cher. Ainsi, dans ce grand bistrot, on vous propose midi et soir un "plat au zinc" à 10 € (plat du jour avec un verre de vin et un

café), le "canard burger" à 10,50 € (foie gras, magret de canard, confit de canard, légumes grillés, salade verte) ou le "malin complet" à 9 € (grande assiette à compartiments, avec portions de l'entrée, du plat, une salade et un dessert). Sinon, à table, il existe une formule à 21 €, servie midi et soir. Armez-vous de patience, il y a souvent du monde. En attendant, la bière au zinc est à 2,20 €.

🍴 L'ÉPI D'OR
Français traditionnel

☎ 01 42 36 38 12 ; 25 rue Jean-Jacques-Rousseau, Iᵉʳ ; formule 17 € midi et soir jusqu'à 21h ; 🕐 tlj sauf sam-dim ; Ⓜ Les Halles ou Louvre-Rivoli

Cette adresse bien française, aussi bien dans le décor (feutré et stylé façon Belle Époque) que dans la cuisine, réserve une bonne surprise : sa formule à 17 € servie midi et soir (jusqu'à 21h). La qualité est au rendez-vous pour des mets classiques (salade de lentilles aux lardons, andouillette de Troyes à l'aligot et clafoutis de fruits maison) bien préparés et servis avec gentillesse. Fermé le week-end.

🍴 DAME TARTINE
Restaurant-salon de thé

☎ 01 42 77 32 22 ; 2 rue Brisemiche, IVᵉ ; soupes 7,50 €, tartines à partir de 8,50 €, plats à partir de 9,90 € ; 🕐 tlj ; Ⓜ Rambuteau ou Hôtel-de-Ville

QUARTIERS

OPÉRA, LOUVRE, LES HALLES

Bien située, juste à côté du Centre Pompidou et face à la fontaine Stravinsky, œuvre de Niki de Saint-Phalle et Jean Tinguely, la terrasse de Dame Tartine est un spot très prisé pour croquer une tartine Poilâne (à partir de 8,80 €), avaler une soupe (7,50 €) ou se laisser tenter par un plat (poulet sauce morilles et riz pilaf 10,50 €, lasagnes aubergines-courgettes 9,90 €) au soleil. Une cuisine simple et correcte à prix très appréciables pour sa situation.

⛻ LE PAVÉ
Français traditionnel
☎ 01 44 54 07 20 ; www.lepave.fr ;
7 rue des Lombards, IVᵉ ; formules à partir de 13,60 €, plats à partir de 11 €, 60 € ;
🕒 tlj ; Ⓜ Hôtel-de-Ville

Dans ce restaurant auvergnat, au chaleureux look de bistrot ancien, on mange une bonne cuisine traditionnelle maison (gratinée à l'oignon, cabillaud au beurre blanc, foie de veau-purée, tarte Tatin, charlotte aux marrons glacés) à des prix avantageux, et qui tient au corps ! Le soir, si vous arrivez à 20h, vous bénéficierez encore de la formule entrée, plat et dessert à 17,60 € (servie de 12h à 20h30), tout comme de la formule à 13,60 € (plat et dessert). Agréable terrasse (chauffée l'hiver), qui donne sur la partie piétonnière de la rue. Pas de paiement par chèque.

⛻ NEW BALAL
Pakistanais/Indien
☎ 01 42 46 53 67 ; www.newbalal.fr ;
25 rue Taitbout, IXᵉ ; menus midi 11 €,
soir à partir de 16 € ; 🕒 tlj ;
Ⓜ Chaussée-d'Antin

Lumière tamisée, boiseries claires, décor crème à l'esprit colonial, service impeccable… le New Balal n'est pas une table indienne comme les autres. Grâce à son cadre chic et ses prix chocs, son ambiance feutrée et ses très bons classiques (tandoori, curry, nan et chappati maison), cette adresse discrète fait son effet, tant visuel que culinaire. Idéal après une séance de cinéma ou une soirée à l'Opéra.

Ⓨ PRENDRE UN VERRE ET SORTIR

Un verre entre amis, une soirée à danser, un ciné et pourquoi pas un concert à l'Opéra ? Offrez-vous tout cela à moindres frais, en profitant de certains tarifs préférentiels ou de soirées gratuites.

Ⓨ SUNSET-SUNSIDE
Concerts jazz
☎ 01 40 26 46 60 ; www.sunset-sunside.com ; 60 rue des Lombards, Iᵉʳ ; concerts gratuits plusieurs soirs par semaine et 1ᵉʳ mar du mois à partir de 22h ; 🕒 tlj, concerts à partir de 20h ; Ⓜ Châtelet

Temple du jazz – les plus grands sont venus s'illustrer dans la petite salle voûtée –, le Sunset s'est doublé depuis quelques années du Sunside, qui a pris la place du restaurant. Depuis lors, la répartition se fait ainsi : jazz électrique, électro-jazz et world music au Sunset, et jazz acoustique au Sunside. Deux concerts par soir, dont certains sont gratuits (tous les premiers mardis du mois à partir de 22h et certains dimanches, ainsi que certains soirs en semaine – consulter le site Internet) et les grands noms du jazz (Kenny Barron, Kurt Elling, Terry Callier…), comme les nouveaux talents (Erik Truffaz, Julien Lourau…) qui ne manquent pas ce rendez-vous.

▼ COMÉDIE-FRANÇAISE
Théâtre
☎ 0825 10 16 80 0,15 €/min ; www.comedie-francaise.fr ; 2 rue de Richelieu, Iᵉʳ ; billets à partir de 5 € ; billetterie 11h-18h tlj ; Ⓜ Palais-Royal-Musée-du-Louvre

Le plus ancien théâtre de France, créé en 1680, a le grand mérite de proposer des spectacles de haute volée à des prix très raisonnables, et ce dès 11 € la place (tarifs de 11 à 37 €) ! Attention, les sièges les moins chers et sur le côté n'offrent qu'une vision tronquée de la scène. Privilégiez les places de face, même en hauteur. Une heure avant le lever de rideau, vous pouvez obtenir 50% de réduction en catégorie C.

Place aux artistes à la Comédie-Française !

Il existe aussi des places "visibilité faible" à 5 €. La Comédie-Française comprend la **salle Richelieu** (2 rue de Richelieu, Iᵉʳ), à l'ouest du Palais-Royal, le **Studio-Théâtre** (voir ci-après), et le **théâtre du Vieux-Colombier** (21 rue du Vieux-Colombier, VIᵉ).

▼ STUDIO-THÉÂTRE *Théâtre*
☎ 01 44 58 98 58 ; www.comedie-francaise.fr ; galerie du Carrousel du Louvre, accès 99 rue de Rivoli, Iᵉʳ ; billets 8-17 € ; billetterie 14h-17h mer-dim ; Ⓜ Palais-Royal-Musée-du-Louvre

Bérénice de Racine, *Les Chaises* d'Ionesco, *Saint François, le divin jongleur* de Dario Fo… Dans cette petite salle de 136 places,

QUARTIERS

OPÉRA, LOUVRE, LES HALLES

créée en 1996 et qui dépend de la Comédie-Française, vous pourrez voir des créations comme des œuvres classiques de qualité – généralement des pièces assez brèves qui jadis étaient données en lever de rideau – pour 17 € (placement libre). La salle en amphithéâtre assure une bonne visibilité quel que soit le placement !

☿ LE RUBIS *Bar*
☎ 01 42 61 03 34 ; 10 rue du Marché-Saint-Honoré, Iᵉʳ ; ☾ tlj sauf sam soir et dim ; Ⓜ Tuileries ou Pyramides
La rue du Marché-Saint-Honoré cache un bistrot assez insolite pour le secteur, dont le cadre semble s'être figé dans les années 1950, et où l'on peut encore prendre une bière au zinc pour 2,20 € (3,20 € en salle) ! Même les sandwichs sont avantageux (4,50 €). On les accompagne avec plaisir d'un petit verre de vin (à partir de 2,80 €).

☿ FORUM DES IMAGES
Cinéma
☎ 01 44 76 63 00 ; www.forumdes images.net ; forum des Halles, 2 rue du Cinéma, Iᵉʳ ; séance tarif plein/enfant 5/4 € sauf festivals, accès gratuit à la salle des collections lun-ven à partir de 19h30 ; ☾ 12h30-23h30 mar-ven, 14h-23h30 sam-dim ; Ⓜ Les Halles
Dans ce lieu dédié au 7ᵉ art, et qui vient d'être rénové, la programmation est extrêmement variée

(des films classiques aux films plus récents) et donne à tous l'occasion d'aller au cinéma pour 5 € la séance (le billet inclut également 2 heures de consultation gratuite dans la salle des collections). Vous avez aussi accès gratuitement dès 19h30, du lundi au vendredi, à la salle des collections pour voir les films (de 1895 à nos jours) qui constituent la mémoire audiovisuelle de la capitale.

☿ LE TROISIÈME LIEU *Bar*
☎ 01 48 04 85 64 ; 62 rue Quincampoix, IVᵉ ; ☾ 18h-2h lun-jeu, jusqu'à 5h ven-sam ; Ⓜ Rambuteau
Ce bar lesbien hétéro-*friendly* est à l'image de ses tenancières, les "Ginettes armées" : festif et pas prise de tête. On y dîne à de grandes tablées (tartines à partir de 6,50 €, salades à partir de 5 €, planches gargantuesques à partir de 10 €) on y boit (demi 3 €) et on y danse, au bar – voire sur les tables – ou dans le sous-marin, petite salle un peu décalée aménagée au sous-sol. Une caravane à DJ accueille des sets du mercredi au samedi.

☿ LE TAMBOUR *Bar*
☎ 01 42 33 06 90 ; 41 rue Montmartre, IIᵉ ; ☾ 12h-6h mar-sam, 18h-6h dim-lun ; Ⓜ Étienne-Marcel ou Sentier
C'est le QG de nombreux noctambules et/ou insomniaques, qui y trouvent un chahut sympathique dans un décor 100% parisien,

Le Tambour, bar urbain pour citadins pas pressés

rescapé des transports publics et du mobilier urbain. Le demi est à 2,50 € au zinc et 3 € en salle, et une copieuse cuisine française à moins de 20 € est servie jusqu'à 3h30 du matin.

ⓨ SOCIAL CLUB *Clubbing*
☎ 01 40 28 05 55 ; www.parissocialclub. com ; 142 rue Montmartre, IIᵉ ; 0-15 €, gratuit à partir de 23h mer et certains jeu ; 🕒 à partir de 23h ou minuit mer-sam ; Ⓜ Bourse ou Grands-Boulevards
Un lieu dévolu aux musiques actuelles, en particulier à l'électro. L'ex-Tryptique, devenu le Social Club, a rouvert avec une déco assez futuriste, une nouvelle équipe à la barre et un nouveau projet artistique. Profitez-en le mercredi, à partir de 23 heures, les soirées clubbing sont gratuites (parfois aussi le jeudi).

ⓨ PALAIS GARNIER *Opéra*
☎ 0892 89 90 90, 0,34 /min ; www. operadeparis.fr ; place de l'Opéra, IXᵉ ; billets à partir de 5 € ; 🕒 billetterie 10h30-18h30 tlj sauf dim ; Ⓜ Opéra
L'Opéra, édifié par Charles Garnier en 1860, en plein réaménagement haussmannien, est un joyau architectural à admirer aussi bien à l'extérieur qu'à l'intérieur – Chagall a réalisé les peintures du plafond de l'auditorium, aujourd'hui protégé par un faux-plafond. Mais vous pouvez tout autant en profiter "en vrai" et assister à un concert ou à un ballet en étant placé tout en haut, à l'amphithéâtre (à partir de 12 €), ou encore acheter des places "sans visibilité" dont les prix débutent à 5 €. L'opéra est à la portée de tous !

>LE MARAIS

Il semble bien loin le temps où le Marais, avec ses hôtels particuliers et ses ateliers d'artisans aux façades noircies, était un quartier populaire et pas cher. Bien rénové, il est désormais l'un des plus cotés et l'un des plus affairés de la capitale. Les magasins à la mode, comme les commerces de gros, attirent de nombreux clients. Le samedi mais aussi le dimanche (l'ouverture dominicale est autorisée dans ce quartier), les rues sont pleines d'une foule qui cherche autant la bonne affaire que le vêtement ou l'objet déco dernier cri. On y trouve presque de tout, et, même si les petits commerces de proximité cèdent la place à la déferlante des boutiques de luxe et que les prix ont une fâcheuse tendance à s'envoler, il existe heureusement des adresses où les prix sont encore très intéressants. Le Marais, cœur historique de la communauté juive de Paris et de la communauté gay, est aussi un foyer culturel important : galeries et musées mettent à la disposition du public, souvent gratuitement, des œuvres majeures. Promenez-vous dans le secteur, en bord de Seine comme autour de l'Hôtel de Ville : vous aurez le loisir non seulement d'admirer l'un des plus beaux quartiers de la capitale, mais vous pourrez partager une bonne table et faire vos emplettes sans avoir à sacrifier l'un pour l'autre.

LE MARAIS

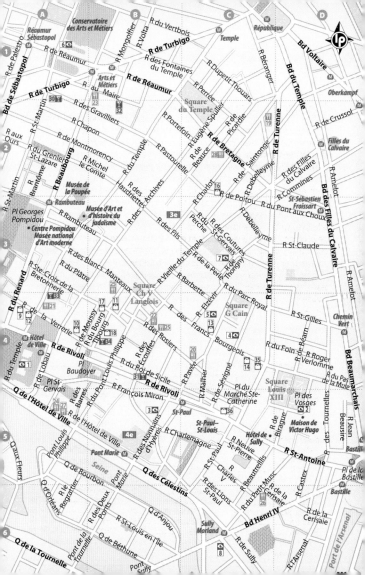

◉ SE CULTIVER

Outre ses magnifiques hôtels particuliers du XVIIᵉ siècle, dont on peut voir souvent les cours intérieures, le Marais recèle de superbes musées : certains sont entièrement gratuits, d'autres le sont une fois par mois. Profitez-en !

◉ MAISON DE VICTOR-HUGO

☎ 01 42 72 10 16 ; www.musee-hugo. paris.fr ; 6 place des Vosges, IVᵉ ; **entrée libre sauf pendant expositions temporaires** ; ⏲ 10h-18h tlj sauf lun ; Ⓜ Saint-Paul ou Bastille
Parmi les édifices harmonieux de la place des Vosges, construite au XVIIᵉ siècle, figure l'hôtel de Rohan-Guéménée, résidence de Victor Hugo de 1832 à 1848, où il écrivit, entre autres, *Ruy Blas* et une partie des *Misérables*. Vous pourrez découvrir, en accès libre, les appartements (salon rouge, salon chinois, salle à manger, chambre à coucher…), remplis de meubles, d'œuvres et objets d'art qui ont accompagné le grand homme (1802-1885).

◉ HÔTEL DE VILLE

☎ 01 42 76 50 49 ; place de l'Hôtel-de-Ville (entrée expos par rue de Rivoli), IVᵉ ; **expositions gratuites** ; ⏲ 10h-19h tlj sauf dim ; Ⓜ Hôtel-de-Ville
Édifié entre le XVIᵉ et le XVIIᵉ siècle, incendié sous la Commune en 1871,

le bâtiment, siège de la mairie de Paris, a été reconstruit entre 1874 et 1882 dans un style néo-Renaissance qui en impose. Observez sa belle façade ornée de 108 statues de Parisiens illustres, tels Bougainville, Perrault, Voltaire ou encore Richelieu. Des expositions gratuites sont organisées à l'intérieur, comme la rétrospective Robert Doisneau, ou celle consacrée au *Petit Nicolas* de Goscinny et Sempé.

◉ PAVILLON DE L'ARSENAL

☎ 01 42 76 33 97 ; www.pavillon -arsenal.com ; 21 bd Morland, IVᵉ ; **entrée libre** ; ⏲ 10h30-18h30 mar-sam, 11h-19h dim, fermé août ; Ⓜ Sully-Morland
Vous êtes invité (l'entrée est libre) à pénétrer dans le Pavillon de l'Arsenal, un superbe bâtiment caractéristique de la fin du XIXᵉ siècle, ancienne fabrique de poudre avec une grande halle sous verrière : vous en apprendrez long sur l'évolution architecturale et urbaine de Paris, depuis sa fondation jusqu'à nos jours. Vous pourrez ainsi voir au rez-de-chaussée l'exposition permanente *Paris, visite guidée. La ville, histoires et actualités*, accompagnée d'une grande maquette actualisée de la capitale. Trois expositions temporaires sont aussi organisées au 1ᵉʳ étage. Bar à journaux et librairie-boutique.

Intérieur du musée Carnavalet

◉ MAISON EUROPÉENNE DE LA PHOTOGRAPHIE

☎ 01 44 78 75 00 ; www.mep-fr.org ; 5-7 rue de Fourcy, IVᵉ ; tarif plein/réduit 6,50/3,50 €, entrée libre en nocturne ; ⏲ 11h-20h mer-dim, nocturne mer 17h-20h; Ⓜ Saint-Paul ou Pont-Marie
Aménagé dans un ancien hôtel particulier du XVIIIᵉ siècle, cet espace présente la création photographique moderne et contemporaine (de 1950 à nos jours) à travers des collections permanentes et un beau programme d'expositions, consacrées à des artistes qui ont marqué leur époque. Profitez d'un mercredi en soirée, entre 17h et 20h, pour aller voir gratuitement les œuvres de Ralph Gibson, Raymond Depardon, Sebastiõ Salgado, Martin Parr, entre autres photographes de renom.

◉ MUSÉE COGNACQ-JAY

☎ 01 40 27 07 21 ; www.cognacq-jay. paris.fr ; 8 rue Elzévir, IIIᵉ ; entrée libre sauf pendant expositions temporaires ; ⏲ 10h-18h tlj sauf lun ; Ⓜ Saint-Paul ou Chemin-Vert
Installé dans un hôtel particulier, ce charmant musée gratuit est consacré au XVIIIᵉ siècle. Les peintures comme *Le Retour de chasse de Diane* (1745) de François Boucher ou *Perrette et le pot au lait* (1765-1770) de Fragonard, les sculptures (Clodion, Lemoyne, Houdon), les meubles (remarquable lit à la polonaise) et les porcelaines sont issus de la collection d'Ernest Cognacq (1839-1928) fondateur de la Samaritaine.

◉ MUSÉE CARNAVALET

☎ 01 44 59 58 58 ; www.carnavalet. paris.fr ; 23 rue de Sévigné, IIIᵉ ; entrée libre sauf pendant expositions temporaires ; ⏲ 10h-18h tlj sauf lun ; Ⓜ Saint-Paul ou Chemin-Vert
Occupant deux somptueux hôtels particuliers datant des XVIᵉ et XVIIᵉ siècles, le musée de l'histoire de Paris retrace l'évolution de la capitale des origines à nos jours. Plus de 100 salles de collections (archéologie, peintures, sculptures, arts graphiques, mobilier…) sont accessibles librement. Ne ratez pas le superbe portrait de *Juliette Récamier* (1805) par le baron François Gérard, le salon bleu Louis XVI (1780), l'émouvante empreinte d'un visage

d'enfant (IIIe siècle) et la chambre, reconstituée à l'identique, de l'appartement de Marcel Proust, boulevard Haussmann.

◉ MUSÉE PICASSO
☎ 01 42 71 25 21 ; www.musee-picasso.fr ; 5 rue de Thorigny, IIIe ; tarif plein/réduit 8,50/6,50 €, entrée libre 1er dim du mois ; ⏱ 9h30-17h30 tlj sauf mar oct-mars, jusqu'à 18h avr-sept ; Ⓜ Saint-Paul ou Chemin-Vert

Le musée, qui offre une vision globale du travail de Pablo Picasso (1881-1973), occupe l'hôtel Salé, une demeure du XVIIe siècle nichée au cœur du Marais. Une visite dominicale la première semaine du mois vous permettra d'admirer librement plus de 3 000 œuvres de ce génie du XXe siècle : des peintures bien sûr (*Autoportrait* 1901, *Maya à la poupée* 1938, *Grand Nu au fauteuil rouge* 1929), mais aussi des sculptures, dont la célèbre *Tête de taureau* (selle et guidon de bicyclette, 1942), des dessins, des gravures, des céramiques, et la collection personnelle de l'artiste comprenant, entre autres, des œuvres de Braque, de Cézanne et d'art africain.

◉ MUSÉE DES ARTS ET MÉTIERS
☎ 01 53 01 82 00 ; www.arts-et -metiers.net ; 60 rue Réaumur, IIIe ; tarif plein/réduit 6,50/4,50 €, entrée libre en nocturne et 1er dim du mois ; ⏱ 10h-18h tlj sauf lun, nocturne jeu 18h-21h30 ; Ⓜ Arts-et-Métiers

Mais qui donc a inventé la première machine à calculer ? Et les mont-golfières, comment volent-elles? Toutes les réponses à vos questions (gratuitement le 1er dimanche du mois et le jeudi en nocturne) sont au musée des Arts et Métiers, le plus ancien musée des sciences et des technologies d'Europe, rassemblant pas moins de 80 000 instruments, machines et maquettes. La station de métro éponyme est, avec son revêtement de cuivre, l'une des plus insolites de la capitale.

🛍 SHOPPING
Impossible de ne pas être tenté par les dernières créations que l'on peut voir dans les boutiques du Marais. Rassurez-vous, vous pourrez faire de bonnes affaires tout en cédant à vos caprices !

🛍 LA CHAISE LONGUE
Objets design
☎ 01 48 04 36 37 ; www.lachaiselongue. fr ; 20 rue des Francs-Bourgeois, IIIe ; ⏱ 11h-19h lun-sam, 14h-19h dim ; Ⓜ Saint-Paul

Une boutique de déco qui, à l'instar de ses objets pratiques, ludiques et colorés (articles pour salles de bains, cuisines, luminaires, gadgets, etc.), ne se prend pas complètement au sérieux, et c'est tant mieux ! Certains produits sont dessinés par le studio de création maison, d'autres sont sélectionnés. Prix modérés. Autres adresses au 5 avenue Mozart (XVIe) et au 91 rue des Martyrs (p. 130), ainsi que dans les Ier, VIe, IXe et XVIIe.

BIJOUX MONIC *Bijoux*
☎ 01 42 72 39 15 ; www.bijouxmonic. com ; 5 rue des Francs-Bourgeois, IVe ; 🕐 10h30-19h lun-sam, 10h-19h dim ; Ⓜ Saint-Paul

Cette petite boutique installée depuis longtemps dans le quartier (il existe une autre adresse rive gauche, voir p. 112) affiche en vitrine un grand éventail de bijoux et il vous faudra un certain temps si vous voulez tous les passer en revue !

Il y en a pour tous les goûts et pour toutes les bourses, les premiers prix (bijoux fantaisisie) débutant à 1 €. C'est l'endroit idéal si vous cherchez un petit cadeau ou si sur un coup de cœur, vous voulez simplement vous faire plaisir. Atelier de réparation et de transformation également.

ART GÉNÉRATION
Galerie d'art
☎ 01 53 01 83 88 ; www.artgeneration. fr ; 67 rue de la Verrerie, IVe ; 🕐 11h-19h30 mar-sam, 14h-19h30 dim-lun ; Ⓜ Hôtel-de-Ville

Le concept de cette boutique-galerie d'art est de vendre des œuvres (peintures, dessins, photographies sculptures) de jeunes artistes, de tous

L'art à portée de tous chez Art Génération

L'univers coloré et chaleureux des Touristes

formats, à petits prix (de 10 à 2 500 €). Vous faites votre choix en fouillant dans des bacs ou en regardant les toiles posées au sol contre les murs. Il y en a pour tous les goûts et la qualité des travaux est variable, mais cette initiative a le mérite de permettre à tout un chacun d'acquérir un original, voire de constituer une collection qui lui plaise, à moindre coût.

FREEP'STAR *Friperie*
☎ 01 42 76 03 72 ; www.freepstar.com ; 8 rue Sainte-Croix-de-la-Bretonnerie, IVe ; 🕙 12h-22h lun-sam,14h-22h dim ; Ⓜ Saint-Paul ou Hôtel-de-Ville
Pour qui aime les vêtements d'occasion très bon marché et qui adore fouiller dans les bacs, jouer des coudes avec les autres clients, histoire d'attraper la robe que l'on a repérée sur un portant ou la paire de chaussures posée sur une étagère, voici l'adresse du moment. On s'y presse pour les prix (à partir de 3 €) et pour dénicher la perle rare ! Autre adresse au 61 rue de la Verrerie (IVe).

PYLÔNES *Objets design*
☎ 01 48 04 80 10 ; www.pylones.com ; 13 rue Sainte-Croix-de-la-Bretonnerie, IVe ; 🕙 11h-19h30 lun-sam, 12h-20h dim ; Ⓜ Saint-Paul ou Hôtel-de-Ville
Depuis plus de 25 ans, une équipe de designers habille des objets usuels de fantaisie et de couleurs pétillantes, vendus en boutique à des prix sympathiques. On y trouve toujours un petit cadeau original

à faire parmi les accessoires pour la cuisine, la salle de bains et le bureau (stylos 4 €), ou les bijoux (bagues 15 €). Autre adresse sur l'île Saint-Louis (57 rue Saint-Louis-en-l'île, IVe), et ailleurs dans Paris (voir p. 130).

☎ LES TOURISTES
Tissus et objets

☎ 01 42 72 10 84 ; www.lestouristes. eu ; 17 rue des Blancs-Manteaux, IVe ; ⏰ 12h-19h mar-sam, 14h-19h dim ; Ⓜ Rambuteau

Plus qu'une boutique, c'est un univers qu'ont su imaginer Yann et Jérôme, deux stylistes amoureux de l'Asie et des années 1940-1950. Des influences que l'on retrouve dans leurs créations de tissus fleuris, qu'ils déclinent en proposant du linge de maison (coussins 15 €), des peignoirs (15-30 €), des sacs et une ribambelle d'objets décalés.

☎ AZZEDINE ALAÏA
Stock de créateur

☎ 01 42 72 19 19 ; 18 rue de la Verrerie, IVe ; ⏰ 10h-12h30 et 13h30-18h tlj sauf mer et dim ; Ⓜ Hôtel-de-Ville

Vous avez toujours rêvé de porter du Azzedine Alaïa ? Entrez dans la cour du 18 rue de la Verrerie : vous voilà dans la boutique de stock du créateur. Ici, vous bénéficiez de 30 à 90% de réduction sur des modèles des saisons précédentes. Rabais supplémentaires pendant les soldes.

☎ L'HABILLEUR
Dégriffé multimarque

☎ 01 48 87 77 12 ; 44 rue de Poitou, IIIe ; ⏰ 11h-20h tlj sauf dim ; Ⓜ Saint-Sébastien-Froissart

Une aubaine ! On trouve ici jusqu'à 70% de discount sur des anciens modèles de marques comme Plein Sud, Paul & Jo ou Helmut Lang.

☎ STOCK ZADIG ET VOLTAIRE
Stock prêt-à-porter

☎ 01 44 59 39 62 ; www.zadig-et -voltaire.com ; 22 rue du Bourg-Tibourg, IVe ; ⏰ 13h-19h lun, 11h30-19h mar, 11h-19h mer-sam, 14h-19h30 dim ; Ⓜ Hôtel-de-Ville

Plongeon au cœur des grandes marques à La Piscine

Un bon plan pour les fans de la marque Zadig et Voltaire. Les vêtements (hommes, femmes, enfants) sont vendus avec 30 à 70% de réduction !

🏠 LA PISCINE
Dégriffé multimarque

☎ 01 48 87 59 24 ; 13 rue des Francs-Bourgeois, IVᵉ ; 🕐 13h-19h30 lun, 10h30-19h30 mar-dim ; Ⓜ Saint-Paul
Ce magasin, installé au fond d'une cour, ressemble à un grand fourre-tout, où des articles de grandes marques (Dolce&Gabbana, Plein Sud, Versace…) affichent des prix fort intéressants (au moins 50% de rabais par rapport au prix d'origine). Vêtements, mais aussi chaussures, maroquinerie et accessoires divers, tous les styles se côtoient, du plus classique au plus flashy.

🏠 LA VAISSELLERIE
Arts de la table

☎ 01 42 72 76 66 ; 92 rue Saint-Antoine, IVᵉ ; 🕐 10h-19h lun-sam ; Ⓜ Saint-Paul
Vous cherchez à remplacer votre vaisselle sans vous ruiner, ou simplement un cadeau utile pour une pendaison de crémaillère ? Cette boutique est faite pour vous ! Beaucoup de choix, des articles de qualité (comme la classique gamme en porcelaine blanche qui a fait le succès de l'enseigne) et des prix très abordables. Trois autres boutiques dans Paris : 85 rue de

Rennes, VIᵉ, Ⓜ Saint-Sulpice, 79 rue Saint-Lazare, IXᵉ, Ⓜ Saint-Lazare et 80 bd Haussmann, VIIIᵉ, Ⓜ Auber, Havre-Caumartin ou Saint-Augustin.

🍴 SE RESTAURER

Pas toujours évident de trouver une bonne table à prix raisonnable dans le quartier. Quelques pépites se distinguent cependant du lot !

🍽 LA GALERIE 88
Salon de thé-restaurant

☎ 01 42 72 17 58 ; 88 quai de l'Hôtel-de-Ville, IVᵉ ; tapas à partir de 4,10 €, salades à partir de 6,50 €, assiettes à partir de 7,20 € ; 🕐 tlj ; Ⓜ Pont-Marie ou Hôtel-de-Ville
Situé à deux pas de l'Hôtel de Ville, ce petit établissement, au look un brin ethno, fait face à la Seine. La carte propose, midi et soir, des produits frais à des prix avantageux. Quelques plats simples mais savoureux réjouissent la clientèle, comme les tagliatelles maison (7,90 €), les salades composées (à partir de 7 €) ou les soupes (4,15 €). Petite terrasse très fréquentée aux beaux jours. Pas de CB.

🍽 LE TRUMILOU
Français traditionnel

☎ 01 42 77 63 98 ; 84 quai de l'Hôtel-de-Ville, IVe ; formule 15,50 €, menu 19,50 € ; 🕐 tlj ; Ⓜ Pont-Marie ou Hôtel-de-Ville

Toujours quai de l'Hôtel-de-ville, Le Trumilou a un petit air provincial et une décoration qui semble avoir échappé à toutes les modes, avec ses banquettes rouge brique et ses ustensiles en cuivre accrochés au mur. Pour le dîner, le menu complet à 19,50 € (servi aussi le midi) inclut de bons plats (joue de bœuf confite aux lentilles, fricassée de poule aux herbes, canard aux pruneaux), qui rappellent les repas de famille ! Formule à 15,50 € aussi (entrée et plat ou plat et dessert), midi et soir.

🍴 CAFÉTÉRIA DU BAZAR DE L'HÔTEL DE VILLE
Cafétéria

☎ 01 42 74 90 00 ; 14 rue du Temple, IVe ; plats à partir de 5 €, menus à partir de 11 € ; 🕐 11h15-18h tlj sauf dim, jusqu'à 20h30 mer ; Ⓜ Hôtel-de-Ville

Cette cafétéria, installée au cinquième étage du BHV, est tout à fait indiquée si vous avez des enfants. On y sert des pâtes (5 €), divers types de plats (bistrot 6 €, saveur 8 €, du chef 10 €) et des desserts, le tout à petits prix. En plus, vous aurez une vue directe sur les statues qui décorent les toits de l'Hôtel de Ville.

🍴 CHEZ MARIANNE *Casher*
☎ 01 42 72 18 86 ; 2 rue des Hospitalières-Saint-Gervais, IVe ; sandwichs falafels à partir de 5 €, assiettes à partir de 12 € ; 🕐 tlj ; Ⓜ Saint-Paul

On attend toujours un peu pour manger dans la salle décorée de céramique noire et blanche de Chez Marianne, mais les assiettes (à partir de 12 €) garnies d'olives, d'houmous, de caviar d'aubergine

La Galerie 88, un lieu idéal pour se retrouver pour un déjeuner ou un café

et de bien d'autres ingrédients frais et alléchants valent amplement la peine et comblent l'appétit. Sinon, vous pouvez toujours prendre un sandwich falafel à déguster sur place (à partir de 6 €) ou à emporter (5 €).

🍴 L'AS DU FALAFEL *Casher*

☎ 01 48 87 63 60 ; 34 rue des Rosiers, IVᵉ ; €, sandwichs falafels à partir de 5 €, assiettes à partir de 14 € ; ☺ tlj sauf sam, jusqu'à 17h ven ; Ⓜ Saint-Paul

Les célèbres boulettes de pois chiches ont ici une texture qui approche presque la perfection.

PETIT MARCHÉ, PETITS PRIX

Le **marché des Enfants-Rouges** (39 rue de Bretagne, IIIᵉ ; ☺ 9h-14h et 16h-20h mar-ven, 9h-20h sam, jusqu'à 14h dim ; Ⓜ Filles-du-Calvaire), créé au début du XVIIᵉ siècle et classé monument historique, est le plus vieux marché de la capitale. Il doit son nom à un ancien orphelinat autrefois situé à proximité, l'hospice des Enfants-Rouges, dont les pensionnaires étaient habillés de vêtements aux couleurs pourpres. Dans ce petit marché couvert très à la mode, on peut faire ses emplettes bien entendu, mais aussi s'attabler le long des allées pour prendre son déjeuner ou son dîner et déguster, par exemple, des produits afro-antillais (plats du jour à partir de 10 €) ou italiens (plats à partir de 7,50 €) à des prix fort raisonnables.

On fera donc volontiers la queue pour les sandwichs falafels (à partir de 5 €), vendus très bon marché à emporter. En revanche, si l'on s'attable, les assiettes sont trop avares en garniture, et la canette de bière, à 5 €, beaucoup trop chère.

🍴 CAFÉ LES ROSIERS
Français traditionnel

☎ 01 48 87 94 09 ; 2 rue des Rosiers, IVᵉ ; plats à partir de 7 € ; ☺ midi tlj sauf dim, ; Ⓜ Saint-Paul

Dans la rue des Rosiers, où les boutiques très à la mode prennent peu à peu le pas sur les commerces de bouche, ce bistrot "dans son jus" fait plaisir à voir. Ici, on se régale d'un bourguignon, d'un confit de canard ou d'une choucroute (plats à 9 €) ou bien on vient juste prendre l'apéro : le demi est à 2 € au zinc et à 2,40 € en salle. Une aubaine !

🍴 LE TEMPS DES CERISES
Français traditionnel

☎ 01 42 72 08 63 ; 31 rue de la Cerisaie, IVᵉ ; formule 13,50 €, menu midi 15,50 € ; ☺ restauration midi uniquement, tlj sauf sam et dim, le soir sam uniquement ; Ⓜ Sully-Morland

Ce charmant petit bistrot est une bonne affaire pour le quartier. À l'heure du déjeuner seulement (le soir c'est uniquement le samedi), on y sert une cuisine familiale simple et de qualité. Au menu (15,50 €), vous pourrez vous régaler

La déco "néo-pop art" du Andy Walhoo (p. 56)

de lentilles chaudes aux lardons en entrée, de tomates farcies en plat de résistance et d'une banane poêlée en dessert, le tout dans une ambiance conviviale. Pas de CB.

🍴 CHEZ SHEN
Asiatique

☎ 01 48 87 88 07 ; 39 rue au Maire, IIIᵉ ; soupes à partir de 3,50 €, plats à partir de 5,20 € ; 🕐 tlj ; Ⓜ Arts-et-Métiers

C'est pour l'ambiance typique de cantine chinoise, avec néons et grandes tablées, autant que pour la cuisine très bon marché que l'on vient Chez Shen. Il y a beaucoup de choix parmi les plats (à partir de 5,20 €) et les portions sont généreuses. Une adresse à prix mini à deux pas de Beaubourg.

🍴 BRICIOLA *Italien*

☎ 01 42 77 34 10 ; 64 rue Charlot, IIIᵉ ; pizzas à partir de 9,50 € ; 🕐 tlj sauf dim ; Ⓜ Filles-du-Calvaire

Des tables en Formica, des murs de pierre, un éclairage soigné, des couleurs tendance : voilà un cocktail très authentico-design qui sert de cadre à cet établissement, réputé pour ses excellentes pizzas à prix tout doux (à partir de 9,50 €). Vous aurez notamment le choix entre les originales pizzas blanches (sans tomate) et les grands classiques. Au menu également, des plats de pâtes (13 €), des salades (11 €) ou une assiette de charcuterie (13 €). Pensez à réserver, la salle est toute petite et vite prise d'assaut.

QUARTIERS

LE MARAIS

🍸 PRENDRE UN VERRE ET SORTIR

🍸 LE NOUVEAU LATINA *Cinéma*

☎ 01 42 78 47 86 ; www.lenouveau latina.com ; 20 rue du Temple, IVe ; tarif plein/réduit et séances mer 8/6,50 €, tlj séances de midi et minuit, et dim à 18h 5 € ; 🕒 tlj ; Ⓜ Hôtel-de-Ville

Programmation essentiellement consacrée à la culture latine. Pour voir ou revoir de grands films espagnols ou sud-américains, mais aussi des œuvres à l'affiche, profitez d'une place à 5 € en préférant la séance de midi ou de minuit.

🍸 L'ATTIRAIL *Bar-concerts*

☎ 01 42 72 44 42 ; www.lattirail.fr ; 9 rue au Maire, IIIe ; 🕒 10h-2h tlj ; Ⓜ Arts-et-Métiers

Dans la longue pièce tapissée de photos et d'affiches, vous pouvez prendre un verre (demi 2,50 €) ou vous restaurer (salades 8,80 €, plats 8,80-10,50 €) tout en écoutant l'un des concerts gratuits (tlj à 20h30) qui attirent une faune principalement estudiantine. Ambiance bon enfant et petite terrasse agréable.

🍸 LA TARTINE *Bistrot-bar à vins*

☎ 01 42 72 76 85 ; 24 rue de Rivoli, IVe ; 🕒 tlj ; Ⓜ Saint-Paul

Dans ce bistrot, la clientèle vient surtout pour se délecter d'un bon verre de vin (à partir de 3,60 €), en terrasse (un peu bruyante sur la rue de Rivoli) ou dans la belle salle, qui a conservé son cachet authentique et soigné des années 1930. Tartines Poilâne à partir de 5,50 €.

🍸 ANDY WHALOO *Bar*

☎ 01 42 71 20 38 ; 69 rue des Gravilliers, IIIe ; 🕒 17h-2h tlj sauf dim ; Ⓜ Arts-et-Métiers

Ce bar, qui parvient à allier, par sa déco, une ambiance "pop art warholienne" et orientale, est un endroit parfait pour commencer avec un apéro (demi 3 €, cocktails 5 € de 18h à 20h), et, lorsqu'un DJ est de passage, danser jusqu'à plus soif.

🍸 LIZARD LOUNGE *Bar-concerts*

☎ 01 42 72 81 34 ; 18 rue du Bourg-Tibourg, IVe ; 🕒 12h-2h tlj, concerts à partir de 20h ; Ⓜ Saint-Paul

Mezzanine avec vue plongeante sur le zinc, hauteur sous plafond et petite salle au sous-sol, ce bar-pub s'affronte de haut en bas ! On peut prendre l'apéro en hauteur (demi 3,20 €), avant de manger un bout en salle (salades à partir de 10 €), puis descendre au sous-sol profiter de l'*happy hour* prolongée (20h-22h lun-ven), danser (DJ jeu-sam ; gratuit) ou écouter de la musique live (soirée "open mic" 1er dim du mois à 20h30). Les toilettes tout de métal vêtues ont de quoi surprendre dans ce décor de pub plutôt traditionnel.

Christophe Timsit,
Cofondateur de la galerie Art Génération

Comment est né le concept de votre galerie ? Je me suis aperçu que beaucoup de gens étaient intéressés par l'art contemporain, mais, se sentant non-initiés, n'osaient pas entrer dans les galeries. Parallèlement, je connaissais des artistes qui avaient du mal à exposer et donc à vendre. Nous avons donc créé ce lieu, il y a maintenant 5 ans, pour proposer quelque chose de différent au grand public. **Quels sont les prix que vous pratiquez ?** L'idée est que tout un chacun puisse acquérir une œuvre originale à des prix très attractifs (ils débutent à 10 €) et, pourquoi pas, devenir collectionneur. **Quelle est votre politique vis-à-vis des artistes ?** La galerie sert de tremplin à des artistes, qui parfois nous quittent (et j'en suis ravi) pour suivre leur propre chemin dans une galerie "classique". Nous exposons une soixantaine d'artistes en permanence et nous n'avons pas les mêmes frais de fonctionnement qu'une galerie traditionnelle, ce qui nous permet de proposer des œuvres (peintures, dessins, photographies, vidéos, sculptures) à des prix très compétitifs. Par ailleurs, nous organisons tous les mois un vernissage (inscription sur la mailing-list sur le site Internet), pour que les artistes et les clients puissent faire connaissance.

>BASTILLE, NATION ET MONTREUIL

Jadis, passé le porche d'un immeuble ou d'une impasse, on trouvait dans le XIe arrondissement, rue du Faubourg-Saint-Antoine, rue de Charonne ou rue de la Roquette, des ateliers d'artisans, des usines et des entrepôts. Menuisiers, ébénistes, couturières, luthiers, avaient leurs habitudes et se restauraient pour peu en fréquentant les bistrots et les petits restaurants pas chers du quartier. Quand le secteur a entamé sa mue pour devenir un endroit à la mode, où les galeries d'art contemporain, les boutiques branchées et les lofts ont remplacé les ateliers, les prix ont naturellement grimpé. Le secteur a heureusement su garder un certain état d'esprit populaire et, hormis les rues les plus cotées, des prix sages, voire très bon marché. C'est aussi le cas du XIIe arrondissement qui, tout à la fois populaire et résidentiel, et malgré les diverses campagnes de réhabilitation, comme l'aménagement de l'avenue Daumesnil, reste très abordable. Sachez également que, grâce aux tarifs plus que raisonnables de certaines places proposées par l'Opéra-Bastille, vous pourrez assister à d'excellents spectacles sans vous ruiner.

BASTILLE, NATION ET MONTREUIL

Voir carte page suivante

◑ SE CULTIVER

Cet ancien quartier populaire est propice à la balade et riche en passages fleuris (voir ci-contre), loin des grands monuments de l'hypercentre. Du coup, c'est sans droit d'entrée qu'on pourra arpenter la Promenade plantée (p. 62) et profiter de quelques musées intéressants, pour la plupart libres d'accès.

◉ CITÉ NATIONALE DE L'HISTOIRE DE L'IMMIGRATION

☎ **01 53 59 58 60 ; www.histoire -immigration.fr ; 293 av. Daumesnil, XIIᵉ ; tarif plein/réduit en période d'exposition 5/3,50 €, hors exposition 3/2 €, gratuit 1ᵉʳ dim du mois ;** ☽ **10h-17h30 mar-ven, jusqu'à 19h sam-dim ;** Ⓜ **Porte-Dorée**
Premier musée consacré à l'histoire de l'immigration, cette cité, accessible librement le premier dimanche du mois, est installée dans le palais de la Porte Dorée, au remarquable style Art déco, construit pour l'Exposition coloniale de 1931. L'exposition permanente "Repères" mêle astucieusement parcours individuel et histoire des grands mouvements d'immigration en France, en croisant photos, témoignages sonores et documents d'archives. Des expos temporaires sont aussi organisées.

◉ GALERIE VIA

☎ **01 46 28 11 11 ; www.via.fr ; 29 av. Daumesnil, XIIᵉ; entrée libre ;**

DES PETITES COURS SECRÈTES...

N'hésitez pas à entrer dans toutes ces cours et ces passages situés pour la plupart près de Bastille et de la rue du Faubourg-Saint-Antoine. Cour Damoye, passage Lhomme, cour Delépine, passage de la Boule-Blanche, cour du Bel-Air ou encore cour des Shadoks, de l'Étoile-d'Or, passage de la Main-d'Or... dégagent un charme discret. Il serait dommage de passer à côté.

☽ **10h-13h et 14h-18h lun-ven, 13h-18h sam-dim ;** Ⓜ **Gare-de-Lyon ou Ledru-Rollin**
Si la création dans le design vous intéresse, faites un saut à la Galerie VIA (Valorisation de l'innovation dans l'ameublement). Elle a pour but de promouvoir – en finançant des prototypes par exemple – la création contemporaine dans le secteur de l'ameublement (tapis, mobilier, luminaire, art de la table, tissu d'ameublement...). Six à sept expositions annuelles sont proposées gratuitement dans cet espace situé sous le viaduc des Arts.

◉ VIADUC DES ARTS

www.viaduc-des-arts.com ; le long de l'av. Daumesnil, XIIᵉ ; Ⓜ **Bastille ou Gare-de-Lyon**
Les arches en brique du viaduc, supportant la Promenade plantée (voir l'encadré p. 62), abritent la

QUARTIERS

BASTILLE, NATION ET MONTREUIL

PROMENADE EN TOUTE LIBERTÉ

Bordée d'arbres et de fleurs, la "coulée verte", comme on l'appelle communément, ou **Promenade plantée** (www.promenade-plantee.org ; av. Daumesnil, entre l'Opéra-Bastille et la Porte-Dorée ; Ⓜ Bastille), avec ses massifs, ses bancs et son allée en hauteur, traverse tout le XIIᵉ arrondissement de Paris sur 4,5 km, en empruntant le trajet d'une ancienne voie ferrée. Elle démarre derrière l'Opéra-Bastille, en surplomb de l'avenue Daumesnil, pour aboutir à la Porte Dorée, en passant par le très joli **jardin de Reuilly**, un jardin public aménagé, où, dès que le soleil pointe son nez, il fait bon faire une halte paresseuse sur les pelouses (accessibles au public), tout en regardant les enfants prendre d'assaut les aires de jeux.

À partir de l'allée Vivaldi, après le jardin de Reuilly la Promenade plantée est accessible aux vélos... et aux vélos (station Vélib' au 42 allée Vivaldi). On peut ainsi rouler jusqu'à la Porte Dorée, et même au-delà, vers le bois de Vincennes !

Galerie VIA (p. 59) et des boutiques d'artisans qui restaurent toutes sortes d'antiquités et créent des objets selon des méthodes traditionnelles. Vous aurez ainsi l'occasion de voir la production de tapissiers, d'ébénistes, de luthiers, de flûtiers, de brodeurs et de bijoutiers, qui sont quelques-uns des métiers représentés.

🛍 SHOPPING

Les petites boutiques sont de plus en plus remplacées par les enseignes de marques connues, certes bon marché, mais sans grande originalité.

🏠 RAMA
Prêt-à-porter dégriffé
☎ 01 43 07 37 66 ; 7 rue Biscornet, XIIᵉ ;
🕐 10h-19h tlj sauf dim ; Ⓜ Bastille

Ici vous trouverez des marques italiennes de qualité comme Marella, Marina Rinaldi ou Sportmax, vendues avec une réduction d'au moins 40% voire plus. Le choix des modèles est assez large, de même que l'éventail des tailles.

☐ ESPACE MODE
Dégriffé multimarque

☎ 01 44 73 94 15 ; 156 rue du Faubourg-Saint-Antoine, XIIᵉ ; ◷ 10h-19h30 tlj sauf dim ; Ⓜ Faidherbe-Chaligny

Cette boutique de dégriffés possède deux espaces, dont un uniquement réservé aux vêtements pour enfants (du nourrisson à l'adolescent). Kenzo, Agatha Ruiz de la Prada, Catimini… sont proposés avec au moins 50% de rabais par rapport au prix initial. Pour les plus grands, les rayons sont bien moins fournis, mais valent le coup d'œil pour les arrivages fréquents de quelques marques intéressantes, comme Cop-Copine par exemple.

☐ LE GRAND DÉPÔT-VENTE DE PARIS
Dépôt-vente meubles et objets

☎ 01 43 48 86 64 ; 81 rue de Lagny, XXᵉ ; ◷ 10h-19h lun-sam, 15h-19h dim ; Ⓜ Porte-de-Vincennes

Chineurs réjouissez-vous, vous allez pouvoir flâner dans ce grand espace, parmi des meubles (et des objets) de tous les styles, qu'ils soient anciens ou plus récents (il existe une partie moderne et contemporaine) vendus

à des prix avantageux. Alors cédez à vos envies, et achetez-là, cette imposante armoire normande dont vous rêviez ! Service de livraison à domicile.

🍴 SE RESTAURER

Petits restaurants sympathiques, adresses plus "boboïsées", bistrots dans leur jus, plats à emporter du marché d'Aligre pour pique-niquer sur la Promenade plantée : il y en a pour tous les goûts et tous les budgets !

🍽 TORTILLA 10 *Bar à tapas*

☎ 01 48 06 52 67 ; 10 rue de Lappe, XIᵉ ; tapas à partir de 4 € ; ◷ 17h30-2h tlj ; Ⓜ Bastille

Petits prix, décor (parfois certes un peu cliché), cuisine et atmosphère conviviale et 100% espagnole : en un clin d'œil vous voici transporté dans un quartier madrilène ! Tapas de tortilla, croquettes de poisson, chorizo… à 4 €, que l'on accompagne bien volontiers d'une bière (2 €). Une bonne petite adresse pas chère dans cette rue où la vie nocturne épargne rarement votre porte-monnaie. Attention, ici on ne prend ni les chèques, ni les CB.

🍽 CAFÉ DE L'INDUSTRIE
Français traditionnel

☎ 01 47 00 13 53 ; 16-17 rue Saint-Sabin et 10 rue Sedaine, XIᵉ ; salades à partir de 7 €, plats à partir de 8 €, formule midi

10,50 € ; 🕐 **restaurant 12h-0h30, bar 10h-2h tlj ;** Ⓜ **Bastille ou Bréguet-Sabin**
Cosy et chaleureux grâce à ses tapis et ses petits recoins, l'Industrie s'étend des deux côtés de la rue. Écrivains face à leur ordinateur portable et groupes d'étudiants investissent souvent ce café-restaurant, devenu un classique du quartier de Bastille et dont les tarifs ont réussi à rester raisonnables. Au déjeuner, la formule (entrée, plat et dessert) à 10,50 € est une bonne affaire tout comme les propositions à la carte (saucisse-purée 8 €, raviolis au chèvre et crème de poireaux 8 €). Tard le soir, l'ambiance se fait beaucoup plus animée.

Le chef aux commandes du Paris Hanoï

🍴 **PARIS HANOÏ** *Vietnamien*
☎ 01 47 00 47 59 ; 74 rue de Charonne, XIᵉ ; plats à partir de 8,70 € ; 🕐 tlj ; Ⓜ Charonne ou Ledru-Rollin
Depuis des années, ce petit antre vietnamien, implanté rue de Charonne, ne désemplit pas. La raison ? Une cuisine typique délicieuse (sans glutamate), fraîche et bon marché. Que vous preniez une salade, un *bo-bun* (à partir de 9,50 €), ou une soupe (à partir de 8,70 €) vous serez toujours servi copieusement. Pour accompagner vos plats, prenez donc du thé (théière 4 €). Autre adresse, le Little Hanoï, au 9 rue Mont-Louis, XIe. Pas de CB.

🍴 **CRÊPERIE BRETONNE** *Crêperie*
☎ 01 43 55 62 29 ; 67 rue de Charonne, XIᵉ ; galettes à partir de 2,60 €, crêpes sucrées à partir de 2,60 €, salades à partir de 8,50 € ; 🕐 tlj sauf sam midi et dim ; Ⓜ Charonne ou Ledru-Rollin
Cent pour cent breton avec ses bonnes galettes de sarrasin (camembert, noix, tomates 7,60 €, andouille de Guémené 6,50 €, complète jambon, œuf, gruyère 6,70 €) et ses crêpes sucrées (miel citron 3,80 €, confiture de lait 4 €, gelée de cidre 4,50 €) parfaitement beurrées (au délicieux beurre salé naturellement), l'endroit, rempli de tendres photos de la Bretagne, est apprécié aussi pour ses prix.

Comble de la joie, on sert du cidre bouché breton Val de Rance (3,50 € le quart). *Yec'hed mat* (À la tienne) !

BISTROT DU PEINTRE
Français traditionnel

☎ 01 47 00 34 39 ; 16 av. Ledru-Rollin, XIe ; formule à partir de 13,90 €, plats à partir de 10,90 € ; 🕐 tlj ; Ⓜ Ledru-Rollin

Moulures Art déco et beau zinc d'époque, ambiance de bistrot et serveurs qui envoient, le Bistrot du Peintre a tout pour plaire ! La carte est à la hauteur du décor, avec ses plats simples pleins de fraîcheur – le marché d'Aligre est tout près –, comme le fromage frais aux herbes en entrée, ou les lasagnes végétariennes. Une formule maligne est proposée midi et soir : avec un plat du jour à l'ardoise, l'entrée est à 3 €. Terrasse, et petit escalier menant au premier étage plus intimiste.

🍽 LES CROCS
Français traditionnel

☎ 01 43 46 63 63 ; 14 rue Cotte, XIIe ; plats à partir de 12 € ; 🕐 midi tlj sauf lun, soir jeu-sam ; Ⓜ Ledru-Rollin

Ici on ne fait pas dans la nouvelle cuisine : le terroir et les grands classiques avant tout ! Attablé dans ce tout petit restaurant, à vous de noter la commande (on coche les plats choisis : plats à partir de 11,50 €, entrées et desserts à partir de 4 €). Le pâté de sanglier, le confit de canard, les fromages d'Auvergne et autres réjouissances gustatives proviennent en majorité des stands de producteurs installés au marché d'Aligre tout proche. Belle carte des vins et épicerie.

🍽 CAFFÉ DEI CIOPPI *Italien*

☎ 01 43 46 10 14 ; 159 rue du Faubourg-Saint-Antoine XIe ; entrée 5-8 €, pâtes 10-12 €, dessert 4 € ; 🕐 tlj sauf sam-dim, lun-mar midi uniquement ; Ⓜ Ledru-Rollin

Un vrai bijou ! Dans cette petite salle blottie au fond d'un passage typique du quartier, le chef sicilien concocte sous vos yeux une succulente cuisine italienne en jouant la carte du petit prix. Les *linguine* aux palourdes, cuits *al dente*, sont un régal, le risotto aux asperges est à tomber et les desserts (*panacotta au pralia* et caramel, par exemple) irrésistibles. Le nombre de tables est limité, et la réservation indispensable. Microterrasse en été.

🍽 LE BARON ROUGE
Bar à vins-caviste

☎ 01 43 43 14 32 ; 1 rue Théophile-Roussel, XIIe ; assiettes à partir de 6,50 € ; 🕐 tlj sauf dim soir et lun ; Ⓜ Ledru-Rollin

Rendez-vous incontournable qui réunit bobos et gens du quartier à la sortie du marché d'Aligre (voir l'encadré p. 66), Le Baron Rouge – connu aussi sous le nom de Baron Bouge – est toujours aussi prisé. C'est l'endroit idéal pour siroter un

LES BONS PRIX DES MARCHÉS

■ **Marché d'Aligre** (rue et place d'Aligre, XIIᵉ ; ⏰ 7h-13h30 tlj sauf lun ; Ⓜ Ledru-Rollin). Très animé et très fréquenté, surtout le dimanche, le marché d'Aligre, débordant de fruits et de légumes appétissants, est réputé pour être le moins cher de la capitale. Sur la place, la halle couverte du marché Beauvau abrite de fins commerces. Profitez d'un tour au marché d'Aligre pour farfouiller dans les bacs de bric et de broc et sur les portants remplis de vêtements de seconde main, et à bas prix, installés juste derrière les stands de fruits et légumes, sur la place d'Aligre.

■ **Marché Bastille** (bd Richard-Lenoir, XIᵉ ; ⏰ 7h-14h mar, jusqu'à 14h30 dim ; Ⓜ Bastille ou Richard-Lenoir). Les produits du terroir français côtoient l'exotique sous toutes ses déclinaisons, dans cet autre marché du quartier dont les prix sont raisonnables. Il est situé entre les stations de métro Bastille et Richard-Lenoir.

verre de vin (à partir de 1,50 €, demi 2,50 €) tout en prenant sur le pouce, accoudé à l'un des tonneaux qui trônent dans les lieux, une assiette de charcuterie ou de fromage de chèvre (à partir de 6 €). Bien sûr, vous pouvez aussi faire vos emplettes et repartir avec une bonne bouteille !

🍴 **LA LIBERTÉ** *Resto-bar*

☎ 01 43 72 11 18 ; 196 rue du Faubourg-Saint-Antoine, XIIᵉ ; tartines chaudes

à partir de 5,50 €, plat du jour 9 € ; ⏰ tlj ; Ⓜ Faidherbe-Chaligny

La Liberté : que le nom de ce petit bar tout jaune est engageant ! Jovialité, décontraction et modestie des prix sont les maîtres mots des lieux. Du lundi au vendredi à l'heure du déjeuner, Momo vous propose 3 plats du jour au tarif unique de 9 € (lasagnes bolognaise par exemple). Le soir, c'est un lieu très prisé pour aller boire un coup (voir p. 71).

🍴 LES BLOUSES BLANCHES
Resto-bar

☎ 01 43 73 70 58 ; 186 rue du Faubourg-Saint-Antoine, XIIe ; plats à partir de 7,50 €, formule midi et soir 9,90 € ; 🕒 tlj ; Ⓜ Faidherbe-Chaligny

Juste à côté de l'hôpital Saint-Antoine, ce restaurant relooké "tendance", avec fauteuils et sofa à l'intérieur et terrasse (chauffée l'hiver) aux chaises design, propose une formule plat-dessert, servie midi et soir, à un prix imbattable : 9,80 €. Sans être de la haute gastronomie, la cuisine est bien faite, (croustillant de poulet et purée, gratin de fruits chaud en dessert), les portions généreuses et l'accueil charmant. À la carte, salades composées (à partir de 10 €), tartines chaudes (7-7,50 €) et pâtes (7,50-8,80 €). Demi à partir de 3 €.

🍴 L'ABRIBUS *Français/Italien*

☎ 01 43 72 07 80 ; 178 av. du Faubourg-Saint-Antoine, XIIe ; plats à partir de 11 €, salades composées à partir de 9 €, formule midi 12,80 € ; 🕒 tlj sauf dim ; Ⓜ Faidherbe-Chaligny

Si la décoration oscille entre kitsch et design, la cuisine, elle, est bien sûre de ses influences méditerranéennes. La formule du midi (entrée et plat ou plat et dessert) à 12 € et les plats à la carte (escalope milanaise 11,50 €, *bruschetta* à l'italienne 9,50 €, tiramisu 6 €) allient qualité (ah, les sauces !) et tarifs avantageux, le

tout relevé d'un accueil absolument charmant. Très fréquenté à l'heure du déjeuner.

🍴 AL TAGLIO *Pizzeria*

☎ 01 43 38 12 00 ; 2 bis rue Neuve-Popincourt, XIe ; part de pizza à partir de 4 € ; 🕒 tlj sauf lun ; Ⓜ Parmentier

Voilà une bonne idée : proposer de la vraie pizza découpée à la demande et vendue au poids ! Parfait pour ceux qui ne veulent pas manger une pizza entière, ou qui veulent goûter plusieurs saveurs. Sur place ou à emporter, la part vous reviendra à environ 4-5 €, selon la pizza choisie, qui va de la classique quatre fromages à celle garnie au gorgonzola et aux girolles.

🍸 PRENDRE UN VERRE ET SORTIR

Bastille rassemble aujourd'hui les noctambules de tous horizons, et l'affluence du week-end a provoqué l'inflation du prix des consommations. Il reste pourtant bien des lieux qui ont raison gardé et affichent des tarifs raisonnables.

🍸 POP IN *Concerts*

☎ 01 48 05 56 11 ; 105 rue Amelot, XIe ; entrée libre ; 🕒 18h30-1h30 mar-dim, DJ ven-sam jusqu'à 2h ; Ⓜ Saint-Sébastien-Froissart

QUARTIERS

BASTILLE, NATION ET MONTREUIL

L'adresse incontournable pour les fans de pop anglaise et de rock. Claustrophobes s'abstenir – les concerts, gratuits, ont lieu dans la cave !

� OPA *Bar-concerts-clubbing*
www.opa-paris.com ; 9 rue Biscornet, XIIᵉ ; entrée libre ; ☾ concerts mar-jeudi 20h-2h, club ven-sam 21h-6h ; Ⓜ Bastille
Avec ses deux espaces et ses deux bars, ses concerts gratuits les mardis et jeudis soir, et son club en accès libre le vendredi et le samedi, l'OPA ne désemplit pas !

☑ OPÉRA BASTILLE *Opéra*
☎ 01 40 01 17 89 ou 0892 89 90 90 ; www.operadeparis.fr ; 120 rue de Lyon, XIIᵉ ; billets à partir de 5 € ; ☾ billetterie 10h30-18h30 lun-sam ; Ⓜ Bastille
Souvent décrié pour ses tarifs réputés élevés, l'Opéra Bastille offre de bonnes surprises, comme ces places à 35 € dans les premiers rangs du balcon (visibilité et acoustique très bonnes). Le tout est de s'y prendre très en avance. Des places debout sont aussi proposées chaque soir dès l'ouverture des portes, pour la modique somme de 5 €. Des tarifs spéciaux sont aussi accordés s'il reste des sièges libres, 15 minutes avant le spectacle.

☑ SANS SANZ *Resto-bar-clubbing*
☎ 01 44 75 78 78 ; 49 rue du Faubourg-Saint-Antoine, XIᵉ ; club en entrée libre

sauf sam-dim 5 € ; ☾ 9h-5h tlj sauf dim ; Ⓜ Bastille ou Ledru-Rollin
Depuis 1993, ce bar-club aux tons carmin et pourpre et lumières tamisées bénéficie d'une excellente réputation pour sa programmation musicale et est toujours aussi fréquenté. L'entrée est libre tous les jours de la semaine, sauf le samedi et le dimanche (5 €). Restaurant au premier étage.

☑ LES DISQUAIRES *Concerts-clubbing*
☎ 01 40 21 94 60 ; www.lesdisquaires.com ; 6 rue des Taillandiers, XIᵉ ; entrée libre, concerts 5/7/10 € selon son budget ; ☾ 18h-2h tlj ; Ⓜ Ledru-Rollin ou Bastille
Les anciens du 9Billards ont réuni dans ce lieu leurs passions pour la nouvelle scène pop, rock et folk, (concerts tous les soirs de 20h à 22h15), et la musique électro, les DJ prenant le relais après les concerts (clubbing du mercredi au samedi).

☑ BOTTLE SHOP *Pub*
☎ 01 43 14 28 04 ; 5 rue Trousseau, XIᵉ ; ☾ Ⓜ midi-2h tlj ; Ⓜ Ledru-Rollin
Une bonne adresse pour un apéro (demi à partir de 3 €) dans une ambiance anglo-saxonne décontractée (davantage grâce à la clientèle internationale qu'à la déco). *Happy hour* de rigueur et DJ rock en fin de semaine.

Sophie Greloux,
Caviste-libraire spécialisée dans le vin, XIIᵉ

Quel est le concept de votre établissement ? Notre souci est de faire connaître les vins, en expliquant aux clients qu'une bonne bouteille n'est pas forcément chère (à partir de 4,50 €) ! **Comment faites-vous ?** On fait tout pour trouver le meilleur rapport qualité/prix. Nous avons goûté chaque vin de notre sélection. Ils sont produits par des vignerons indépendants, dont nous savons qu'ils travaillent sans herbicides ni pesticides, et sans ajouter d'arômes artificiels. **Comment aidez-vous le client à choisir ?** Sur chaque vin, nous écrivons un commentaire. Presque chaque samedi, de 16h à 20h, nous faisons des dégustations gratuites. Alors si vous passez par là…! En terrasse, du vendredi soir au dimanche, vous pouvez prendre un verre (3 €) et une assiette ou des tapas de saucisson ou de fromage (2,50 €). Vous pouvez aussi acheter une bouteille et la déguster en terrasse avec un droit de bouchon (le droit de consommer sur place) de 3 €. **Vos cantines dans le quartier ?** Les Jardins de Mandchourie, juste à côté, qui fait une cuisine de la Chine du Nord bon marché, Le Janissaire, un bon restaurant turc avec un menu complet le midi, en semaine, à 13 €, et le Bistrot Laurette pour ses verres de vin à partir de 2,90 €.

Le vin se livre caviste-librairie : 01 43 40 59 45 ; 36-38 allée Vivaldi, XIIᵉ
Bistrot Laurette : 01 43 43 04 22 ; 136 av. Daumesnil, XIIᵉ
Les Jardins de Mandchourie : 01 43 45 58 88 ; 32-34 allée Vivaldi, XIIᵉ
Le Janissaire : 01 43 40 37 37 ; 22-24 allée Vivaldi, XIIᵉ

ESCAPADE À MONTREUIL

La ville a été connue jusqu'à la fin du XIX⁹ siècle pour sa production de pêches, plantées en espalier le long de murs (le Festival des murs à pêches, en juin, honore chaque année cette tradition et des cafés-restaurants-concerts comme La Grosse Mignonne – une variété de pêche – ou le Café la Pêche évoquent aussi cette caractéristique locale). Elle s'est industrialisée au XXᵉ siècle et fait partie désormais de ces communes limitrophes qui attirent les Parisiens pour ses prix modérés. Ils apprécient également l'atmosphère "artistique" du coin, du fait des nombreux plasticiens qui y ont installé leurs ateliers. D'ailleurs, chaque année en octobre (office du tourisme ☎ 01 41 58 14 09 ; www.destinationmontreuil.fr ; 1 rue Kléber ; 🕙 tlj sauf dim) sont organisées les journées portes ouvertes des ateliers d'artistes de Montreuil, l'occasion de discuter avec les créateurs et de visiter leurs lieux de création, et pourquoi pas, d'acquérir une œuvre.

■ **Puces de Montreuil** (av. de la Porte-de-Montreuil, XXᵉ ; 🕙 7h-19h30 sam-dim ; Ⓜ Porte-de-Montreuil). On y chine des fripes intéressantes, mais aussi des accessoires, des gravures, du linge de maison, de la vaisselle, des meubles et des luminaires à des prix vraiment mini, surtout si vous marchandez un peu !

■ **Bistrot du marché** (☎ 01 42 87 05 12 ; 9 place du Marché, Montreuil ; menus à partir de 15 € ; 🕙 tlj ; Ⓜ Croix-de-Chavaux). Ici bat le cœur vivant de Montreuil. Un bar tout simple où l'on se fiche pas mal de la déco, des chaises d'écoliers faisant très bien l'affaire. Et une belle ambiance entretenue par une clientèle où se mêlent artistes et bobos du coin, mais pas seulement. Concerts réguliers, le dimanche en particulier.

■ **La Grosse Mignonne** (☎ 01 42 87 54 51 ; www.lagrossemignonne.com ; 56 rue Carnot, Montreuil ; menus à partir de 13 €, plat du jour 9 € ; 🕙 tlj ; Ⓜ Croix-de-Chavaux). Un bistrot sympathique qui sait réserver un coin aux enfants, avec jouets et peluches, ainsi qu'un petit espace bibliothèque entre le bar et la salle, à la déco très variée (chaises à l'ancienne, tables plus banales). À la carte, entrecôte XXL, kangourou sauce au bleu ou plus classiques gambas à la plancha et carré d'agneau. Des concerts et des expos y sont souvent organisés.

■ **Café la Pêche** (☎ 01 48 70 69 65 ; 16 rue Pépin, Montreuil, esplanade Missak Manoukian ; menus du jour 5 €, grillade 3 € ; 🕙 tlj sauf sam-dim, restaurant le midi, bar 10-17h ; Ⓜ Mairie-de-Montreuil). Géré par une association, ce bar-restaurant ouvert en journée prépare des plats simples et bons (salades composées, assiettes chaudes, grillades), dont les tarifs font le bonheur des étudiants et des artistes qui fréquentent les lieux.

🎵 **LE BUVEUR DE LUNE** *Bar*
☎ 01 43 67 63 70 ; 50 rue Léon-Frot, XIᵉ ;
🕙 soir tlj sauf dim ; Ⓜ Charonne

L'atmosphère chaleureuse de l'endroit fait oublier la décoration qui ne casse pas des briques !

Le Café de l'Industrie (p. 63), si grand mais si cosy

Le jeudi, le vendredi et le samedi, vous pourrez assister à de petits concerts et à des moments de théâtre, tout en buvant une bière (demi à partir de 2,50 €), le tout sans trop vous ruiner.

▓ LA LIBERTÉ *Bar*
☎ 01 43 72 11 18 ; 196 rue du Faubourg-Saint-Antoine, XIIᵉ ;
🕒 tlj ; Ⓜ Faidherbe-Chaligny

Dans ce bar décontracté et convivial, le soir, l'apéro donne le ton : avec un demi (2 € ; à partir de 22h, 2,30 €) ou un petit verre de vin (à partir de 2,50 €), on peut manger une tartine gratinée (à partir de 6,50 € ; voir p. 66) et écouter de la musique (concerts mardi et jeudi dès 19h30) dans une joyeuse ambiance, qui déborde souvent sur le trottoir.

>BELLEVILLE ET MÉNILMONTANT

Belleville et Ménilmontant : c'est comme un autre Paris, comme si l'ancienne commune et ses faubourgs, intégrés à la capitale au milieu du XIXe siècle, étaient restés, quoi qu'il arrive, et malgré les campagnes de réhabilitation, un village. Rien qu'à prononcer ces deux noms, on pense instantanément à la môme Piaf et à Maurice Chevalier, personnalités hors normes nées dans ce quartier populaire un peu à part, creuset d'un mélange de cultures, qui a dû se faire sa place, et qui y a réussi. Parmi les immeubles délabrés, rénovés, ou modernes, on trouve des bars pas chers, chaleureux et vivants, qui ne désemplissent pas, où l'on vient discuter le bout de gras devant un verre comme écouter de la musique jusqu'à l'aube. Les restaurants aussi sont abordables, vous n'aurez aucun mal à dénicher une bonne petite adresse où vous régaler. Le quartier est également le territoire privilégié de bon nombre d'artistes qui y ont installé leur atelier, incitant malgré eux les bobos à les suivre, ce qui, bien sûr, a entraîné une légère hausse des tarifs dans certains restaurants ou cafés, sans pour autant contaminer la plupart d'entre eux. Alors même si ce snobisme "light" fait partie de l'ambiance, Belleville reste un village modeste où il fait bon vivre.

BELLEVILLE ET MÉNILMONTANT

◉ SE CULTIVER

Après une balade dans les rues pleines de poésie du quartier, testez les nouveaux lieux culturels : ils sont gratuits !

◉ MAISON DE L'AIR

☎ 01 43 28 47 63 ; 27 rue Piat, XXᵉ ; entrée libre ; 🕙 13h30-17h30 lun-ven, jusqu'à 18h30 dim mars-oct, 13h30-17h lun-ven, jusqu'à 17h30 dim nov-fév ; Ⓜ Pyrénées
Situé dans le bas du parc de Belleville, enfermé dans du béton, le "musée de l'Air", propose en accès libre une exposition permanente sur l'air à Paris et son impact sur l'environnement. Il offre également une remarquable vue panoramique sur la capitale pour observer son ciel et les phénomènes atmosphériques.

L'été on peut venir se prélasser sur les pelouses du parc.

◉ LE PLATEAU

☎ 01 53 19 84 10 ; www.fracidf-leplateau. com ; place Hannah-Arendt, angle rue des Alouettes et rue Carducci, XIXᵉ ; entrée libre ; 🕙 14h-19h mer-ven, 12h-20h sam-dim ; Ⓜ Jourdain ou Buttes-Chaumont
Ce lieu entièrement gratuit, dévolu à l'art contemporain, est un peu sobre, mais a pour avantage d'être très ouvert sur les rues alentour. Il accueille quatre expositions par an, dont l'une présente la collection du Fonds régional d'art contemporain d'Île-de-France (Frac). Un espace expérimental montre des travaux d'artistes en résidence à Paris (Bert Rodriguez, Tania Bruguera, Malković…).

Vue panoramique sur Paris depuis le haut du parc de Belleville

📻 MAISON DES MÉTALLOS
☎ 01 48 05 88 27 ; www.maisondes
metallos.org ; 94 rue Jean-Pierre-Timbaud ;
entrée libre sauf spectacles ;
🕙 9h-13h et 14h-19h lun-ven, 14h-19h
sam, jusqu'à 22h les jours de spectacle ;
Ⓜ Couronnes ; ♿
Un vent nouveau souffle sur ce
haut lieu du syndicalisme parisien.
Le bâtiment aux traits industriels
a retrouvé son allure originale à la
faveur d'une rénovation qui s'est
accompagnée d'un nouveau projet
culturel. La Maison accueille aussi
bien de la danse, des performances,
des arts vivants, plastiques ou
numériques, que des lectures, des
concerts, et des rencontres-débats
auxquels on peut assister librement.
Agréable café en mezzanine.

🛍 SHOPPING
Le populaire marché de Belleville
et les nombreux magasins à prix
discount font du secteur l'un des
moins chers de Paris. De quoi faire
de bonnes affaires, mais soyez
vigilant sur la qualité des produits.

🛍 MOMO LE MOINS CHER
Solderie
☎ 01 43 49 28 16 ; 31 rue de Ménilmontant,
XXᵉ ; 🕙 9h30-20h tlj ; Ⓜ Ménilmontant
Si l'envie vous prend d'aller fouiller
sur les portants de ce magasin
fourre-tout, vous y trouverez
certainement un petit haut, une

chemise, un pantalon ou un T-shirt
à votre goût, pour rien du tout
(vêtements pour homme et femme
entre 3 et 15 € en moyenne). Autre
adresse au 31 bd Magenta, Xᵉ.

🛍 TOTO *Tissus*
☎ 01 46 36 36 09; http://toto.fr ; 39 rue
de Ménilmontant, XXᵉ ; 🕙 10h-19h tlj
sauf dim ; Ⓜ Ménilmontant
Voir la description du magasin p. 144.

🛍 OH LUMIÈRES
Chaussures et vêtements
☎ 01 43 57 51 26 ; 21 av. de la République,
XIᵉ ; 🕙 10h-19h30 lun-sam, 13h30-18h30
dim ; Ⓜ Parmentier
D'abord ce sont les chaussures qui
attirent l'œil, surtout les baskets,
qui affichent des prix intéressants
(30-40 €), puis le regard se porte
sur les vêtements et accessoires
aux prix tout aussi attractifs. Autres
adresses au 49 bd Richard-Lenoir
et au 246 bd Voltaire (XIᵉ).

🍴 SE RESTAURER
Les cantines asiatiques et africaines
abondent du côté de la rue de
Belleville, tandis que la rue Sainte-
Marthe regroupe de nombreux
petits restaurants bon marché.

🍴 LES RIGOLES *Café-brasserie*
☎ 01 46 36 65 58 ; 334 rue des Pyrénées,
XXᵉ ; menu 16,30 €, plats à partir de 8 € ;
🕙 tlj ; Ⓜ Jourdain

Pour palper l'ambiance conviviale et branchouille du village Jourdain, rien de tel que ce café-brasserie à prix très serrés. Tables côte à côte, terrasse (chauffée en hiver)… Dans un décor ultrasimple, on s'y régale de magret de canard au miel, d'onglet à l'échalote ou d'une bonne mousse au chocolat. Les plats démarrent à 8 €, et le menu à 16,30 € (entrée, plat et dessert) est servi midi et soir, même le week-end.

▥ NAKAGAWA *Japonais*
☎ 01 42 08 43 22 ; 3 rue Saint-Hubert, XIᵉ ; menus midi 9,90-12 €, menus soir à partir de 14,50 € ; ⌚ tlj sauf dim midi ; Ⓜ Jourdain

Un restaurant japonais authentique, bien loin des chaînes sans saveur. Le cadre n'a rien d'exceptionnel, mais les habitants du quartier se refilent l'adresse pour y savourer de vrais sushis et de bonnes brochettes. Le menu à 19 € le soir, est une bonne affaire.

▥ SAMSARA *Indien*
☎ 01 43 66 02 65 ; www.lesamsara.com ; 3 rue Jourdain, XXᵉ ; menus à partir de 10,50 €, plats à partir de 10 € ; ⌚ tlj ; Ⓜ Jourdain ou Pyrénées

Que vous préfériez le poulet, le poisson ou l'agneau, le choix est varié, et vous pourrez accommoder votre plat, souvent assez relevé et généreux, de riz ou de légumes bien arrosés de sauce. Certains viennent

pour les menus du midi (formule express à 7,50 € comprenant un plat avec riz ou *nan* et un dessert, ou menu à 10,50 € avec entrée, plat et dessert, servi tous les jours sauf dimanche), d'autres le soir pour le menu à 18 € (midi et soir, sauf vendredi et samedi soir).

▥ LE TÉLÉ BAR *Français*
☎ 01 42 41 55 07 ; 257 rue de Belleville, XIXᵉ ; formule midi et soir 9,90 €, plat du jour 8 €, couscous 9 € ven-sam ; ⌚ tlj sauf dim ; Ⓜ Télégraphe

Ici, pas de chichis dans la décoration : le cadre est ce qu'il est, plutôt banal, mais l'atmosphère y est fort sympathique et le service efficace. À l'heure du déjeuner en semaine, beaucoup de fidèles viennent pour la formule à 9,90 € (entrée-plat, ou plat-dessert), dont profitent aussi les habitués du soir ! Les assiettes sont généreuses, et la cuisine est simple (poulet basquaise, gratin de poisson, couscous) et bien préparée. Un très bon rapport qualité/prix.

▥ LE CAFÉ DES SPORTS
Resto-bar-concerts
☎ 01 46 36 48 18 ; www.myspace.com/lecafedessports ; 94 rue de Ménilmontant, XXᵉ ; formule midi 11 €, plat du jour 9 €, tapas à partir de 5 €, grande assiette de charcuterie 10 € ; ⌚ tlj ; Ⓜ Ménilmontant ou Gambetta

Dans ce restaurant-bar, où viennent s'attabler les bobos de tout poil,

Isabelle Munier,
Graveur à Belleville, XIᵉ

Pourquoi avoir choisi Belleville pour installer votre atelier de gravure ?
Mes grands-parents habitaient Belleville, et je savais que ce quartier était vivant,
populaire, et surtout pas cher, tant au niveau de l'immobilier que des commerces.
Je savais aussi qu'il existait pas mal d'ateliers d'artistes dans le secteur.
Le quartier reste-t-il populaire ? Il existe une vraie vie de quartier, parce que
les prix sont encore abordables. On peut facilement sortir prendre un verre, aller
dîner avec ses amis dans des restaurants sympas qui, franchement, restent bon
marché. Depuis une vingtaine d'années, l'association des ateliers d'artistes de
Belleville a créé une certaine émulation, grâce aux journées portes ouvertes des
ateliers (en mai). Je pense que ça a contribué à renforcer les liens entre les gens,
qui, par curiosité, viennent voir ce que l'on peut bien fabriquer, retranchés dans
nos ateliers ! **Vos bons plans dans le secteur ?** Le restaurant Aux Jeux de Pom,
succulent, la boutique Castafiora, pour ses bijoux originaux fabriqués par Tony,
le dépôt-vente de la rue des Pyrénées et celui de la rue de la Villette.

Ateliers d'artistes de Belleville : 01 46 36 44 09 ; www.ateliers-artistes-belleville.org ;
32 rue de la Mare, XXᵉ
Castafiora, atelier de bijoux : 06 37 91 56 76 ; 7 rue de la Villette, XIXᵉ
Ding Fring Paris : 01 40 33 69 07 ; 340 rue des Pyrénées, XXᵉ
Chamaille dépôt-vente enfants : 01 40 03 87 82 ; 4 rue de la Villette, XIXᵉ
Aux Jeux de Pom : 01 47 00 03 66 ; www.auxjeuxdepom.com ; 123 bd de Ménilmontant,
XIᵉ (voir p. 79)

QUARTIERS

BELLEVILLE ET MENILMONTANT

on sert avec funk et punch, tapas (*croquettas*, pâté de palombe, tortillas…), assiettes de charcuterie espagnole ou de fromages, plats du jour (9 €) ou piperade (10 €), dans une ambiance musicale appropriée (voir p. 82). Couscous végétarien gratuit le lundi.

🍴 LE ROULEAU DE PRINTEMPS
Vietnamien
☎ 01 46 36 98 95 ; 42 rue de Tourtille, XXᵉ ; plats à partir de 4,30 €, soupes 5,50 € ; 🕐 tlj sauf mer ; Ⓜ Belleville
Voici une minuscule cantine asiatique qui remporte tous les suffrages, non seulement parce que l'on y sert une cuisine fraîche et bien préparée,

Le Café des Sports, un café hyper actif !

mais aussi parce que les prix sont franchement modiques (plats à partir de 4,30 €, bière chinoise 2,60 €, thé 0,30 €). La salle est vite pleine, mais on s'arrangera toujours gentiment pour vous trouver une place.

🍴 REUAN THAÏ *Thaïlandais*
☎ 01 43 55 15 82 ; 36 rue de l'Orillon, XIᵉ ; plats à partir de 9 €, salades à partir de 10 €, buffet à volonté le midi 9,50 € ; 🕐 tlj ; Ⓜ Belleville
Parmi l'offre – pléthorique ! – de restaurants asiatiques, ce thaïlandais propose, dans un cadre agréable, une fine cuisine et un vaste choix de salades (délicieuses) et de plats bon marché. Pour les palais sensibles, des pictogrammes sur la carte indiquent le caractère plus ou moins épicé des mets. Profitez du buffet à volonté le midi pour 9,50 € !

🍴 LES QUATRE FRÈRES *Algérien*
☎ 01 42 02 78 86 ; 35 rue Sambre-et-Meuse, Xᵉ ; formules midi (sauf week-end) 7,50-8,50 €, couscous 5,50-7,20 € ; 🕐 tlj sauf lun ; Ⓜ Belleville ou Colonel-Fabien
Dans une grande salle au décor sobre relevé de discrètes touches arabisantes (appliques, fer forgé), familles et amis se régalent, dans une ambiance bon enfant, de couscous (à partir de 5,50 €), de soupe *chorba* (3,70 €) et de brochettes (0,70-3 €). On se sert soi-même des brochettes de son choix, que l'on donne à griller : ludique ! Pas d'alcool (thé 1,10 €).

Brochettes grillées à la demande aux Quatre Frères

⛻ LA RÔTISSERIE
Restaurant associatif

☎ 01 40 03 08 30 ; www.larotisserie.org ; 4 rue Sainte-Marthe, Xᵉ ; plats midi 5,50 €, menu soir à partir de 8 € ; 🕐 tlj sauf sam midi et dim midi ; Ⓜ Belleville ou Goncourt

Ce restaurant associatif, qui existe depuis plusieurs années, est un peu victime de son succès. Malgré tout, on y sert toujours une cuisine tout en simplicité, à des prix vraiment modestes (plats 5,50 €, tarte salée 3,50 €, dessert 2 €), et faite avec les meilleures intentions du monde. Pour le déjeuner, c'est plutôt cantine de quartier et le soir, c'est une association qui prépare le menu unique (à partir de 8 €). Pas de CB.

⛻ AUX JEUX DE POM
Français

☎ 01 47 00 03 66 ; www.auxjeuxde pom.com ; 123 bd de Ménilmontant, XIᵉ ; plats environ 13 € ; 🕐 tlj sauf sam midi et dim ; Ⓜ Ménilmontant

Au même titre que les couleurs acidulées du décor, la cuisine met de bonne humeur. Pour le prix d'un plat de bistrot, on y déguste des mets recherchés, finement préparés, comme le tajine de jarret de veau au fenouil et aux châtaignes, ou de succulentes ravioles aux petits poivrons et au basilic. Quant au "plaisir tout chocolat" (5 €) il arracherait un soupir d'extase aux plus blasés. Tout cela tranche agréablement avec le tout venant de la rue Oberkampf, toute proche et sans grand intérêt culinaire. L'accueil sympathique complète le tableau.

⛻ AU PIED DE FOUET
Français traditionnel

☎ 01 48 06 46 98 ; www.aupieddefouet. com ; 96 rue Oberkampf, XIᵉ ; plats à partir de 7,90 €, plats du jour à partir de 9,50 € ; 🕐 tlj ; Ⓜ Parmentier, Saint-Maur ou Ménilmontant

Voir la description p. 113.

⛻ MARCHE OU CRÊPE
Crêperie

☎ 01 43 57 04 78 ; 88 rue Oberkampf, XIᵉ ; galettes/crêpes sucrées à partir de 3,10/2,20 €, salades composées à partir

COUSCOUS FOR FREE

Manger un bon couscous gratuitement dans une ambiance conviviale ? C'est possible ! Rendez-vous les vendredis et samedis soir (sauf Café des Sports) aux adresses mentionnées ci-dessous. Vous ne payerez que vos consommations.

■ Le Grenier (☎ 01 48 05 13 52 ; 152 rue Oberkampf, XIᵉ ; 🕐 tlj ; Ⓜ Ménilmontant)

■ La Providence (☎ 01 49 29 98 86 ; 88 ter av. Parmentier, XIᵉ ; 🕐 tlj ; Ⓜ Parmentier)

■ Le Café des Sports (☎ 01 46 36 48 18 ; 94 rue de Ménilmontant, XXᵉ ; 🕐 tlj ; Ⓜ Ménilmontant ou Gambetta) . "Couscous végétarien" le lundi (voir aussi p. 76).

de 8,50 € ; 🕐 midi et soir mer, soir mar, jeu et ven à partir de 17h, à partir de 15h sam-dim ; Ⓜ Parmentier

Et si on s'offrait une gourmandise pour le goûter ? Dans ce sympathique petit établissement, le chocolat est décliné en différentes saveurs (à la fraise, blanc, noir amer, au citron vert…), et la crêpe, de belle taille, est cuite comme il faut. Côté salé, la végétarienne (emmental, champignons, maïs, tomate, poivron vert 4,90 €), la Santorini (emmental, chèvre, épinards 4,80 €) ou la nordique (salade, saumon fumé, tomate, concombre, citron 7 €) sont tout aussi savoureuses. À déguster sur place ou à emporter.

🍸 PRENDRE UN VERRE ET SORTIR

Fiefs de la bohème parisienne par excellence, Belleville et Ménilmontant regorgent de bars et de lieux divers pour se retrouver et faire la fête à peu de frais !

🍸 LA CAGNOTTE *Bistrot*

☎ 01 46 36 65 40 ; 13 rue Jean-Baptiste-Dumay, XXᵉ ; 🕐 7h-1h tlj ; Ⓜ Jourdain ou Pyrénées

Cette institution de la rue de Belleville est l'un des meilleurs spots du quartier pour l'apéro. La salle de bistrot ne semble pas avoir bougé depuis des décennies et la terrasse permet d'observer le temps qui passe, et les belles gueules branchées du quartier qui démarrent la soirée, la journée, ou viennent simplement faire leurs courses dans les commerces de bouche qui dévalent la pente.

🍸 LA MER À BOIRE
Resto-bar-concerts

☎ 01 43 58 29 43 ; www.la.meraboire. com ; 1-3 rue des Envierges, XXᵉ ; concerts 4 €, tartine chaude 10 € ; 🕐 12h-1h mar-sam, 12h-18h dim ; Ⓜ Pyrénées

Perché en haut du parc de Belleville, avec une vue imprenable sur Paris (la terrasse est très prisée l'été), ce restaurant-bar-salle de concerts,

QUARTIERS

BELLEVILLE ET MENILMONTANT

La sympathique équipe de La Mer à boire

aux couleurs chaudes et à l'ambiance chaleureuse, multiplie les initatives : expositions de planches de BD ou de dessins, chansons russes, jazz ou afro-beat côté musique et restauration légère (soupe aux petits pois, mousse de thon) à prix modique, côté cuisine. Tout pour passer une soirée au top sans se ruiner.

☎ LE VIEUX BELLEVILLE
Chansons

☎ 01 44 62 92 66 ; www.le-vieux -belleville.com ; 12 rue des Envierges, XXᵉ ; ☽ tlj sauf dim, soirées gratuites à partir de 20h30 mar et sam ; Ⓜ Pyrénées
Au sommet du parc de Belleville, ce bistrot à l'ancienne n'est pas le moins du monde touristique. Deux fois par semaine, on y donne des

soirées gratuites de chansons, avec accordéon et orgue de Barbarie. L'endroit est très connu localement, aussi est-il conseillé de réserver. On y sert une cuisine classique française (menu midi 11,50 €, soir plats à la carte à partir de 12 €).

☎ LE ZORBA *Bar*

☎ 01 42 39 68 68 ; 137 rue du Faubourg-du-Temple, Xᵉ ; ☽ 5h-2h tlj ; Ⓜ Belleville
Rendez-vous des *after*, des *before* et des *before* d'*after* (l'établissement ouvre à 5 heures du matin et ferme à 2 heures du matin le lendemain), ce bar de style PMU, redécoré chaleureusement, est un lieu fréquenté du quartier, où l'on boit des demis à 2,50 € (2 € au zinc), où les *flyers* circulent et les soirées DJ filent.

QUARTIERS

BELLEVILLE ET MENILMONTANT

CAFÉ CHÉRI(E) *Bar*
☎ 01 42 02 02 05 ; http://cafecherie.
blogspot.com ; 44 bd de la Villette, XIXe ;
🕐 8h-2h tlj ; Ⓜ Belleville
Décontraction, fond musical électro
et lumières rouges font du café
Chéri(e) le lieu idéal pour démarrer
une soirée – surtout en été sur la
terrasse –, en sirotant un demi à
3 €. DJ (hip-hop, soul, funk, électro,
rock…) du jeudi au samedi de 22h
à 2h.

BAXO *Resto-bar*
☎ 01 42 02 99 71 ; www.baxo.fr ; 21 rue
Juliette-Dodu, X^e ; entrée libre ; 🕐 jusqu'à
2h tlj sauf dim ; Ⓜ Colonel-Fabien
Du jeudi au samedi soir, ce bar-
resto (bière 3 €, verre de vin 4,50 €
– mais la coupe de champagne est
plus usitée !) coloré et très design,
tendance lounge urbain, offre une
programmation pointue, le plus
souvent électro. Minipiste de danse
et terrasse dans la cour pour les
beaux jours.

LE CAFÉ DES SPORTS
Resto-bar-concerts
☎ 01 46 36 48 18 ; www.myspace.com/
lecafedessports ; 94 rue de Ménilmontant,
XXe ; entrée libre ; 🕐 tlj ;
Ⓜ Ménilmontant ou Gambetta
Au Café des Sports, c'est concert
gratuit tous les soirs ! La programmation, très éclectique, oscille
entre rock, funk, électro, hip-hop,
chanson française, jazz et reggae.

Le Zorba, au cœur de l'ambiance bellevilloise

DJ set tous les vendredis et samedis
soir (petit *dance floor*). On peut
aussi s'y restaurer (voir p. 76).

LA BELLEVILLOISE
Resto-concerts-clubbing
☎ 01 46 36 07 07 ; www.labellevilloise.
com ; 19-21 rue Boyer, XXe ; concerts
gratuits sauf exceptions ; 🕐 17h30-2h
mer-ven, 11h-2h sam, 11h-minuit dim ;
Ⓜ Gambetta ou Ménilmontant

De ce lieu emblématique – née après la Commune, la Bellevilloise fut la première coopérative parisienne –, vaste halle s'étirant sur plusieurs niveaux, l'équipe a conservé l'esprit indépendant et multiplie les propositions : expos, salons de créateurs en entrée libre, débats, clubbing ou concerts (gratuits la plupart du temps). Agréable petite terrasse en hauteur, à l'abri de la rue (fermeture à 22h). Le brunch musical du dimanche est aussi très couru.

▼ AUX FOLIES *Bar*
☎ 01 46 36 65 98 ; 8 rue de Belleville, XXᵉ ; ☼ tlj ; Ⓜ Ménilmontant
C'est ici que se saisit la quintessence de l'esprit de Belleville, rassemblant gens de tous âges et à toute heure. La terrasse, des plus appréciables en été, fait office de scène pour les musiciens ambulants du quartier. L'autre lieu de rendez-vous pas cher (demi 2,50 €) de ceux qui, à 6 heures du matin, n'arrivent toujours pas à rentrer à la maison !

▼ LOU PASCALOU *Bar*
☎ 01 46 36 78 10 ; www.myspace.com/ leloupascalou ; 14 rue des Panoyaux, XXᵉ ; ☼ tlj ; Ⓜ Ménilmontant

Une grande belle salle aux murs ocre, un immense zinc où les conversations se mêlent aisément à celles des tables voisines, des demis à 2,50 €… bref, un endroit convivial, aimé des gens du quartier et que les bobos adorent ! L'été, la terrasse est prise d'assaut non stop. Concerts gratuits le dimanche (à partir de 18h30) et soirées courts-métrages le premier mercredi du mois.

▼ ALIMENTATION GÉNÉRALE
Bar-concerts-clubbing
☎ 01 43 55 42 50 ; www.alimentation -generale.net ; 64 rue Jean-Pierre-Timbaud, Xᵉ ; entrée libre, 5 € à partir de minuit ; ☼ 17h-2h mer, jeu et dim, jusqu'à 4h ven-sam ; Ⓜ Parmentier
Venez guincher à l'ALG ! Ici on mange, on danse, on écoute de la musique live, on fait parfois les trois à la fois, et ce toujours dans une chaude ambiance, dans la vaste salle refaite à neuf en 2008. Concerts gratuits et soirées spéciales, comme le très prisé Bal des Martines tous les premiers dimanches du mois, où les airs virevoltants ouvrent les appétits pour la *feijoada* gratuite ! DJ set les vendredis et samedis (gratuit avant minuit).

>RÉPUBLIQUE, CANAL SAINT-MARTIN ET GRANDS BOULEVARDS

Le quartier a su maintenir, malgré sa situation centrale et les caprices de la branchitude, sa personnalité populaire et gouailleuse, pour le plus grand bonheur des Parisiens, qui aiment son côté à la fois chic et un tantinet canaille, faisant écho à l'image que l'on se fait du "vrai Paris". Une atmosphère bouillonnante, due à ses Grands Boulevards, aux multiples vitrines, qui drainent une foule de chalands à la place de la République et son agitation constante, et au canal Saint-Martin, tout en quiétude lorsque l'on flâne au bord de l'eau, bordé d'un chapelet de bars qui créent l'animation. Dans le secteur, le mélange des genres prime. On trouve autant d'onéreuses boutiques tendance que de magasins de vêtements à 5 €, de coiffeurs (pour hommes !) qui s'occupent de vos têtes pour 7 €, et de bazars colorés, envahis d'articles vendus pour presque rien. Les odeurs appétissantes qui émanent des cuisines des restaurants bon marché du coin, font ralentir le pas, et l'on s'arrête aisément pour y savourer des plats typiques de bistrot ou des spécialités du monde entier. C'est toute une ambiance que l'on embrasse d'un coup en flânant dans ce quartier, et il s'offre à vous pour pas cher !

RÉPUBLIQUE, CANAL SAINT-MARTIN ET GRANDS BOULEVARDS

◉ SE CULTIVER

Canal Saint-Martin	1	G6
Couvent des Récollets	2	F4

⬜ SHOPPING

Gibert Joseph	3	D6
Magasin Zoum	4	D5

🍴 SE RESTAURER

Bien Bien	6	B4
Chartier	7	B5
Chez Maurice-Restaurant de Bourgogne	8	F4
Ganesha Corner	9	F1
Ganesha Sweets	(voir 9)	
Krishna Bhavan	10	F1
Le Cambodge	11	G5
Le Chaland	12	G3
L'Enchotte	13	D3
Le Réveil du Xᵉ	14	E5
Les Pâtes Vivantes	15	B4
Le Verre Volé	16	F4
Bar-restaurant des Variétés	17	B5
Passage Brady	18	D4
Boukhara Trévise	19	C4
Restaurant Dishny	20	F1
Restaurant Ganesha	(voir 9)	
Tandoori Sheezan	21	E4

🍸 PRENDRE UN VERRE ET SORTIR

Favela Chic	22	G6
La Patache	23	F5
L'Atmosphère	24	F4
Le Limonaire	25	B5
Point Éphémère	26	F3
Rex Club	27	C5
Théâtre des Bouffes du Nord	28	E1
Tribal Café	29	D4

Voir carte page suivante

◉ SE CULTIVER

Ce quartier se découvre en se promenant au rythme du canal, entre République et Jaurès, et en s'éloignant du côté des gares de l'Est et du Nord, où se cachent des petits bijoux d'architecture.

◉ CANAL SAINT-MARTIN

⏱ **circulation automobile interdite dim et jours fériés 10h-18h en hiver, 10h-20h en été (avr-sept)**

Écluses, passerelles découpées comme de la dentelle de fer, pont tournant et squares arborés… Tel est le décor de ce canal qui relie le bassin de la Villette à la Seine, qu'il rejoint au port de l'Arsenal près de la Bastille. Le canal franchit 8 écluses entre la Villette et la rue du Faubourg-du-Temple. Il est ensuite en grande partie souterrain. Bordé de boutiques, de cafés, de restaurants et d'une piste cyclable de part et d'autre, c'est un lieu de promenade idéal. Aux beaux jours, entre promeneurs et pique-niqueurs, il prend alors des allures de *passerata*. Les dimanches et jours fériés, le canal respire et devient piétonnier – et cycliste.

◉ COUVENT DES RÉCOLLETS

Maison de l'architecture ☎ **01 42 09 31 81 ; www.maisonarchitecture-idf.org ; 148 rue du Faubourg-Saint-Martin ; entrée libre ;** ⏱ **10h-20h lun-ven ;** Ⓜ **Gare-de-l'Est**
Entre la gare de l'Est et le canal Saint-Martin, un peu en retrait, le couvent

Pont sur le canal Saint-Martin

des Récollets vit une nouvelle vie. Traversez le cloître pour entrer à droite dans la Maison de l'architecture, ouverte et rénovée par l'Ordre des architectes d'Île-de-France. Dans l'ancienne chapelle se tiennent régulièrement des débats et des conférences sur l'architecture et la ville. Sur place également : un centre international d'accueil pour artistes et chercheurs, des associations culturelles et un café, idéal pour souffler au calme.

▣ SHOPPING

Les boutiques bon marché de vêtements, de sacs, d'accessoires

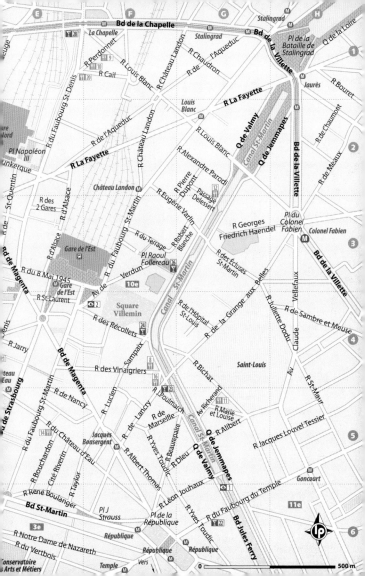

et de gadgets foisonnent sur les grands boulevards, tandis que la rue du Faubourg-Saint-Denis aligne ses commerces de bouche colorés.

MAGASIN ZOUM
Chaussures

9 bd de Bonne-Nouvelle, IIe ; 10h30-20h tlj ; M Bonne-Nouvelle
Des chaussures de sport en veux-tu en voilà ! Un grand choix de modèles de marques – et de pointures – vendus à 50% du prix initial : une véritable aubaine pour les fans de baskets ! Comptez entre 29 et 55 € pour une paire griffée.

GIBERT JOSEPH
Librairie neuf et occasion

☎ 01 55 34 75 75 ; www.gibertjeune.fr ; 15 bis bd Saint-Denis, IIe ; 10h-19h tlj sauf dim ; M Strasbourg-Saint-Denis
Voir p. 109.

Vitrine du magasin Zoum (ci-contre)

🍴 SE RESTAURER
Des cantines indiennes de la rue Cail aux bonnes surprises des grands boulevards, le quartier fourmille de bonnes adresses à prix malin.

CHEZ MAURICE-RESTAURANT DE BOURGOGNE
Français traditionnel

☎ 01 46 07 07 91 ; 26 rue des Vinaigriers, Xe ; menus midi/soir à partir de 10/14 € ; tlj sauf sam midi et dim ; M Jacques-Bonsergent

Sous le nom de cet ancien bougnat se cache un resto bon enfant, au décor de vieille auberge, pratiquant, qui plus est, des prix imbattables ! Vous en sortirez tout requinqué par tant de chaleur humaine et de petits plats simples et bien mitonnés.

LE VERRE VOLÉ
Bar à vins bio

☎ 01 48 03 17 34 ; www.leverrevole.fr ; 67 rue de Lancry, Xe ; plats à partir de 12 €, amuse-bouches à partir de 6,50 € ; tlj ; M Jacques-Bonsergent
Dans ce petit bar à vins-caviste, une poignée de tables – d'où une réservation fortement conseillée – se taille une petite place au milieu des étagères remplies de bouteilles

de vins bio et naturels. Et pour accompagner son verre ? Des plats du jour tout ce qu'il y a de plus délicieux et roboratif (boudin noir, saucisse de Toulouse, andouillette, caillette ardéchoise…). Les appétits plus timides pourront se rabattre sur les amuse-bouches (terrine de sanglier aux châtaignes, nougat salé de pintade) ou sur une classique assiette de fromages.

LE CAMBODGE *Cambodgien*
☎ 01 44 84 37 70 ; www.lecambodge.fr ; 10 av. Richerand, Xᵉ ; plats à partir de 9,50 €, plats végétariens et bo-bun à partir de 8,50 € ; tlj sauf dim ; Ⓜ République ou Goncourt

C'est une adresse comme on les aime : d'une belle simplicité. On y déguste de divins *bo-bun* et des riz garnis qui en ont réconcilié plus d'un avec le riz cantonais. Ici, on rédige soi-même sa commande. Et si le restaurant est complet, comme souvent, vous laissez votre numéro et on vous rappelle dès qu'une table se libère, le temps d'aller siroter un apéro au bord du canal.

L'ENCHOTTE
Bar à vins et français traditionnel
☎ 01 48 00 05 25 ; 11 rue de Chabrol, Xᵉ ; formule midi 15 €, menu 20,50 € ; tlj sauf sam et dim ; Ⓜ Gare-de-l'Est ou Poissonnière

Face au marché Saint-Quentin, cette adresse discrète est de celles qu'on

aimerait garder pour soi. Dans une salle de bistrot bardée d'affiches anciennes, on s'y régale d'une copieuse cuisine traditionnelle (cassolette de poisson à l'anis, blanquette de veau forestière, croustillant de carottes…), toujours concoctée avec beaucoup de soin. Le menu, sans cesse renouvelé, présente un rapport qualité/prix exceptionnel. Belle carte des vins et plateau de fromages à se damner !

TANDOORI SHEEZAN
Indien/Pakistanais
☎ 01 45 23 18 77 ; 84 rue du Faubourg-Saint-Denis, Xᵉ ; plat 6 € ; tlj ; Ⓜ Strasbourg-Saint-Denis ou Gare-de-l'Est

De tous les restaurants indiens de la rue du Faubourg-Saint-Denis et du passage Brady, le Sheezan sort du lot. Pas pour son cadre, très basique (une vraie cantine !), mais pour ses plats préparés dans son four à tandoori et ses prix défiant toute concurrence. La carte, ultrasimple (*biryani*, poulet tandoori et autres curries) attire une clientèle d'habitués. Plats à emporter également. Pas de CB.

LE RÉVEIL DU Xᵉ
Bistrot à vins auvergnat
☎ 01 42 41 77 59 ; 35 rue du Château-d'Eau, Xᵉ ; salades à partir de 10,50 €, plats à partir de 12,50 € ; tlj sauf sam soir et dim ; Ⓜ Château-d'Eau ou Strasbourg-Saint-Denis

QUARTIERS

RÉPUBLIQUE, CANAL SAINT-MARTIN ET GRANDS BOULEVARDS

CUISINE ÉPICÉE ET NOTE PAS SALÉE !

Cosmopolite, ce quartier abrite une importante communauté indienne. Le **passage Brady** (situé entre le 46 rue du Faubourg-Saint-Denis et le 33 bd de Strasbourg) est un classique. Vous y trouverez un rassemblement compact de restaurants indiens, pakistanais et bangladeshis qui, pour la plupart, proposent des menus et des plats aux prix vraiment attractifs. N'hésitez pas à pousser jusqu'au métro La Chapelle, entre les rues Cail, Louis-Blanc et La Fayette, où boutiques, épiceries et cantines abondent. La cuisine, plutôt sri lankaise et du sud de l'Inde, est authentique et donc parfois très épicée. Voici quelques bonnes adresses :

■ **Ganesha Corner et Restaurant Ganesha** (☎ 01 58 20 07 32 ; 16 rue Perdonnet, angle rue Louis-Blanc, Xᵉ ; menus à partir de 8 € ; plats à partir de 5,50 € ; 🕐 tlj ; Ⓜ La Chapelle). Un décor extérieur très Bollywood, avec couleurs pétillantes et dorures ! Le premier est parfait pour manger sur le pouce (plats à emporter). On déjeune plus tranquillement dans le second. La trilogie se clôt avec **Ganesha Sweets**, juste à côté : pâtisseries aux couleurs détonnantes et autres douceurs.

■ **Restaurant Dishny** (☎ 01 42 05 44 04 ; 25 rue Cail, Xᵉ ; menu midi à partir de 7 €, menu soir à partir de 9 €, plats à partir de 6 € ; 🕐 tlj ; Ⓜ La Chapelle). L'une des valeurs sûres du quartier, recommandée par… tous. La salle est décorée de façon banale, mais les plats (à partir de 6 €) sont copieux et pleins de saveurs. Goûtez en particulier la crêpe *dosai* mixte (7 €), garnie de viande, de pommes de terre et d'épices.

■ **Krishna Bhavan** (☎ 01 42 05 78 43 ; 24 rue Cail, Xᵉ ; menu 13 €, soupes 3 €, plats à partir de 4,50 € ; 🕐 tlj ; Ⓜ La Chapelle). Ce 100% "pur végétarien", est un bon spot pour manger sain et frais : curries de légumes avec riz au yaourt, "couscous indien", *biryani*… les plats sont colorés, bien garnis et servis avec de multiples sauces.

Vous voici au royaume du bon vin, des tripoux, des manous de la Lozère, de la flognarde aux pommes… Dans ce bar à vins au décor quelconque, on se presse pour savourer, à prix raisonnables, des produits du terroir de qualité, cuisinés de façon simple mais terriblement efficace. Les tables en rangs serrés et le succès du lieu rendent l'intimité difficile. Réservation conseillée.

BOUKHARA TRÉVISE *Ouzbeck*

☎ 01 48 24 17 42 ; www.resto-boukhara.com ; 37 rue de Trévise, IXᵉ ; menu midi/soir 9-12€/23,50-27 € ; ⏰ tlj sauf sam midi et dim ; Ⓜ Cadet

Un petit bout dAsie centrale à Paris : suffisamment rare pour qu'on le signale ! Surtout quand la mosaïque de plats proposées (*mantis*, *dolmas*, *plovs*…), de très bonne qualité et cuisinés à la demande, élargit votre palette de saveurs. Le décor à tendance folklorique et l'accueil agréable sauront vous transporter ! Autre adresse au 53 rue Amelot (XIᵉ).

LE CHALAND *Français*

☎ 01 40 05 18 68 ; 2 passage Delessert, Xᵉ ; plats et salades à partir de 11 € ; ⏰ tlj sauf lun ; Ⓜ Château-Landon

Un beau bistrot façon Belle Époque pour une cuisine bourgeoise, mêlant les saveurs sucrées-salées : tourte de poisson, poulet au miel, joue de bœuf à la cannelle. Excellent rapport qualité/prix et emplacement appréciable près du canal.

BIEN BIEN *Thaïlandais*

☎ 01 48 24 14 42 ; 30 bis rue Bergère, IXᵉ ; menus midi/soir 13/20 € ; ⏰ tlj sauf sam midi et dim ; Ⓜ Grands-Boulevards

Il y a des signes qui ne trompent pas : les Thaïlandais qui ont le mal du pays viennent y dîner, tout comme les habitants du quartier. Pour un prix très correct, on s'initie en douceur à une délicieuse cuisine thaï (triangles d'or, poulet au gingembre, travers de porc au miel etc.). Le plus : les épices sont dosées selon votre convenance. L'accueil charmant rattrape la banalité du décor, et la quiétude des lieux compense l'agitation des Grands Boulevards, tout proches.

LES PÂTES VIVANTES *Chinois*

☎ 01 45 23 10 21 ; 46 rue du Faubourg-Montmartre IXᵉ ; formule midi 12,30 €, grande soupe 9,90 € ; ⏰ tlj sauf dim ; Ⓜ Le Peletier ou Grands-Boulevards

Une bien étonnante adresse ! D'abord, parce que voir dans la vitrine le cuisinier étirer ses pâtes, tel un boulanger, avant de les plonger dans le bouillon est un spectacle inédit. Mais aussi, parce que le résultat, de savoureuses soupes aux nouilles fraîches, ravira les amateurs de cuisine chinoise. Pour quelques euros, on pourra aussi tenter d'autres spécialités (raviolis, salades, woks), également à la hauteur. Les deux salles minuscules ne désemplissent pas. Rançon du succès : l'attente des plats est souvent assez longue.

Pâtes "en action" aux Pâtes Vivantes

🍴 CHARTIER *Bouillon*

☎ 01 47 70 86 29 ; www.restaurant
-chartier.com ; 7 rue du Faubourg-
Montmartre, IXe ; entrées à partir de
1,80 €, plats 8,50 €-13,50 € ; 🕐 11h30-
15h et 18h-22h tlj ; Ⓜ Grands-Boulevards
Cet établissement est l'un des
derniers authentiques bouillons
de la capitale. La cuisine, qui n'a
pas changé depuis des années
(choucroute alsacienne 10,70 €,
tripes à la mode de Caen 8,90 €,
poulet fermier rôti 8,70 €), est idéale
pour se revigorer un jour de pluie.
Les serveurs en long tablier et le
cadre ne font qu'ajouter au charme
(admirez les splendides porte-
chapeaux en cuivre). À l'heure du
déjeuner règne un joyeux vacarme.

🍴 BAR-RESTAURANT DES VARIÉTÉS *Bistrot*

☎ 01 42 36 98 09 ; 12 passage des
Panoramas, IIe ; formule midi et soir
9,90 € ; 🕐 tlj sauf dim ; Ⓜ Grands-
Boulevards
Ce petit bistrot patiné par le temps,
tenu par une figure du passage des
Panoramas, propose, midi et soir,
une formule à 9,90 € d'un très bon
rapport qualité/prix. Les plats sont
assez classiques (salade aux noix,
petit salé aux lentilles), les portions
sont généreuses, la viande est
tendre et savoureuse (le burger
est vraiment bon) et les vins
bien choisis. Que du bonheur !
Prévoyez un peu d'attente avant
d'être servi.

▼ PRENDRE UN VERRE ET SORTIR

Un apéro au bord de l'eau ou dans un bistrot à chansons, une virée en club ou une soirée au théâtre : des sorties à prix doux, il y en a ici pour tous les goûts !

▼ FAVELA CHIC *Resto-clubbing*

☎ 01 40 21 38 14 ; www.favelachic. com ; 18 rue du Faubourg-du-Temple, XIᵉ ; entrée libre mar-jeu, à partir de 10 € le week-end ; 🕙 19h30-2h mar-jeu, jusqu'à 4h ven-sam ; Ⓜ République

Le resto-bar aux allures de cantine (de longues tablées avec bancs) et sa piste de danse célèbrent dans l'allégresse le sens brésilien de la fête. Au programme : samba endiablée, chaleur et *caipirinha*, le fameux cocktail brésilien ! Avec pour devise "désordre et progrès" et une entrée libre les mardis, mercredis et jeudis (19h30-2h), la Favela chic séduit de nombreux noctambules et affiche souvent complet.

▼ LA PATACHE *Bar*

☎ 01 42 08 14 35 ; 60 rue de Lancry, Xᵉ ; 🕙 tlj ; Ⓜ Jacques-Bonsergent

Monsieur Vito n'est plus derrière le comptoir, mais La Patache a conservé son air parigot comme on aime : juke-box, tables bistrot en bois foncé, chaises bancales et bancs…

Et surtout, des prix sympas (demi 2,80 €), un franc sourire derrière le bar, des clients à la cool et une vraie chaleur humaine.

▼ L'ATMOSPHÈRE *Café*

☎ 01 40 38 09 21 ; 49 rue Lucien-Sampaix, Xᵉ ; 🕙 tlj sauf dim ; Ⓜ Gare-de-l'Est

Un endroit idéal pour un goûter en journée (thé, chocolat, grog, vin chaud et pâtisseries) ou l'apéro en début de soirée (demi 2,50 €, verre de vin à partir de 3,50 €). Quelques tables dehors aux beaux jours, près de la jolie passerelle du canal Saint-Martin (atmosphère, atmosphère !). Concerts le dimanche après-midi.

▼ POINT ÉPHÉMÈRE
Concerts-expos-bar

☎ 01 40 34 02 48 ; www.pointephemere. org ; 200 quai de Valmy, Xᵉ ; spectacles de danse en entrée libre sur réservation, expos et conférences gratuites ; 🕙 12h-2h lun-sam, 13h-21h dim ; Ⓜ Jaurès ou Louis-Blanc

Installé dans un ancien entrepôt sur le haut du canal Saint-Martin, le Point Éphémère est un lieu foisonnant, où se côtoient un espace d'exposition, un bar-restaurant et une salle de concerts avec une programmation éclectique qui alterne entre électro, jazz, rock, funk, etc. Des DJ officient aux platines dans la partie bar, en entrée libre, tous les soirs jusqu'à 2h (concerts et soirées spéciales payants).

☊ THÉÂTRE DES BOUFFES DU NORD *Théâtre*

☎ 01 46 07 34 50 ; www.bouffesdu nord.com ; 37 bis bd de la Chapelle, Xᵉ ; billets 12-26 €, spectacle à 19h tarif unique 20 € ; 🕒 billetterie 11h-18h tlj sauf dim ; Ⓜ La Chapelle

Ancien théâtre et music-hall au décor brut, les Bouffes du Nord sont nées en 1876, avant d'être redécouvertes en 1974 par Micheline Rozan et Peter Brook. Les prix sont très accessibles et les représentations de qualité.

☊ REX CLUB *Clubbing*

☎ 01 42 36 10 96 ; www.rexclub.com ; 5 bd Poissonnière, IIᵉ ; entrée libre jeu ; 🕒 à partir de 23h ou minuit mer-sam ; Ⓜ Bonne-Nouvelle

Pour beaucoup, le Rex est la meilleure salle de Paris pour écouter du son depuis que Laurent Garnier y a lancé la techno. Au programme, toujours de la house, de la techno et de l'électro et des DJ pointus. Soirées gratuites le jeudi.

☊ LE LIMONAIRE
Bar à vins et à chansons

☎ 01 45 23 33 33 ; http://limonaire. free.fr ; 18 cité Bergère, IXᵉ ; entrée libre, passage du Chapeau ; 🕒 18h-minuit tlj sauf lun ; Ⓜ Grands-Boulevards

Ce petit bistrot à vins et à chansons ne manque pas de chien ! Quand les artistes chantent, le chapeau

Le Point Éphémère, espace d'expression libre

passe et, durant la pause, les clients discutent et trinquent (demi 2,40 €) avec les intervenants dans une ambiance bon enfant. On peut aussi manger un morceau (plat du jour 10,50 €, assiette de fromages 7 €).

☊ TRIBAL CAFÉ *Bar*

☎ 01 47 70 57 08 ; 3 cour des Petites-Écuries, Xᵉ ; demi 2,50 € ; 🕒 tlj 13h-2h ; Ⓜ Strasbourg-Saint-Denis

Célèbre pour son couscous gratuit les vendredis et samedis de 21h à 23h, le Tribal Café est l'un des bars les plus chaleureux du secteur, blotti dans un passage piétonnier où la terrasse fait le plein en été.

>LA VILLETTE, PANTIN, AUBERVILLIERS

Le canal de l'Ourcq et le parc de la Villette, le plus grand parc de Paris, créé au début des années 1980, tel est le duo gagnant, au nord-est de la capitale, d'un quartier qui ne manque pas de caractère. Avec ses grands immeubles modernes qui bordent le canal, ses petites rues populaires et son côté novateur, incarné nortamment par la Cité des sciences, installée sur l'emplacement des anciens abattoirs de la Villette, cette partie du XIXe arrondissement affiche des contradictions qui se révèlent comme autant de richesses. Les quais qui longent le canal de l'Ourcq ont subi des transformations importantes ces dernières années et sont devenus, avec le complexe de cinémas MK2 et le parc de la Villette, l'un des principaux pôles d'attraction du secteur. Dès que les beaux jours arrivent, pique-nique, activités nautiques, pétanque, jogging, vélo et promenade entre Stalingrad et la Villette sont de mise. Les restaurants et cafés installés aux alentours restent pour la plupart bon marché, et, même si certains établissements sont devenus des fiefs bobos plus onéreux, vous pourrez toujours sortir et vous restaurer sans trop bourse délier. Laissez-vous guider par les joies du canal !

LA VILLETTE, PANTIN, AUBERVILLIERS

⊙ SE CULTIVER

Base nautique
  de la Villette 1 B6
CENTQUATRE................2 B5
Cité des sciences
  et de l'industrie 3 C5
Les Laboratoires
  d'Aubervilliers 4 D3
Parc de la Villette 5 C5

Voir carte page suivante

🍴 SE RESTAURER

25e Est.............6 B6
Aux Arts et
  Sciences réunis 7 C6
Aux Goûts du Jour 8 C5
Aux Saveurs
  du Liban 9 D6
Café Rozier 10 B6
Côté Canal 11 B6
Le Burrito Mexicano....12 C6
Le Jumin 13 C6

ⓨ PRENDRE UN VERRE ET SORTIR

Abracadabar...............14 C6
Bar Ourcq.................15 B6
Centre national
  de la danse.............16 D5
Côté Canal .... (voir 11)
Péniche Antipode-
  Abricadabra 17 B6

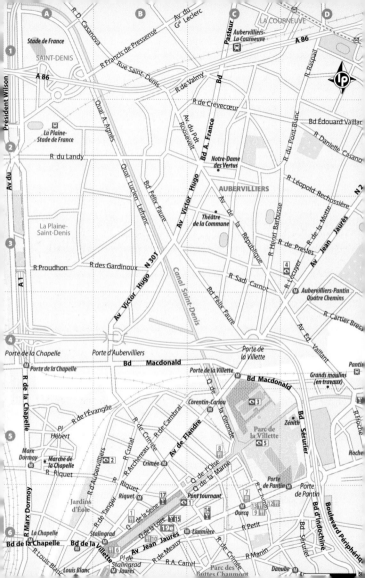

👁 SE CULTIVER

Laissez votre porte-monnaie de côté pour profiter pleinement des plaisirs qu'offrent le bassin et le parc de la Villette par beau temps. En cas de pluie, vous pourrez vous replier sur les activités de la Cité des sciences ou des Laboratoires d'Aubervilliers, pour une poignée d'euros.

● LE CENTQUATRE

☎ 01 40 05 51 71 ; www.104.fr ;
104 rue d'Aubervilliers, XIXᵉ ; entrée libre ; Ⓜ **Stalingrad ou Crimée**
Logé dans d'anciennes pompes funèbres municipales, le "104" est un espace artistique qui accueille en résidence des équipes artistiques du monde entier, intervenant dans des domaines variés (mode, design, écriture, arts visuels, plastiques, vivants, numériques…), et organise plusieurs fois par semaine, des rencontres gratuites dans les ateliers afin de faire découvrir leurs travaux. Également sur place : un restaurant, un bar et des boutiques. Depuis janvier 2010, les lieux accueillent le bric-à-brac Emmaüs, un vide-grenier qui se tient de 15h à 18h du mercredi au samedi.

● BASSIN DE LA VILLETTE

Quai de la Seine et quai de la Loire, XIXᵉ ; Ⓜ **Jaurès ou Stalingrad**
Le bassin de la Villette est un lieu de vie à part entière. Tout a commencé avec l'installation du complexe de

Bol d'air au bassin de la Villette

cinéma MK2 Quai de Seine, près de la rotonde Ledoux. Très vite, les Parisiens ont profité de ce bel équipement qui comprend aussi des cafés à quai. Un autre cinéma est venu rejoindre l'aventure, situé en face, quai de la Loire. À l'autre bout du bassin, quai de la Seine, d'anciens magasins généraux ont opéré une métamorphose audacieuse, respectant l'architecture et les volumes de l'entrepôt du quai d'en face. Une auberge de jeunesse y est installée. Aux beaux jours, promeneurs, joggeurs, cyclistes, boulistes, et pique-niqueurs investissent les bords du canal, entre Stalingrad et la Villette.

● PARC DE LA VILLETTE

☎ 01 40 03 75 75 ; www.villette.com ;
211 av. Jean-Jaurès, XIXᵉ ; 🕙 **espaces**

LA VILLETTE, PANTIN, AUBERVILLIERS

QUARTIERS

LA VILLETTE, PANTIN, AUBERVILLIERS

verts accès libre tlj, accès restreint entre 1h et 6h ; Ⓜ Porte-de-Pantin

Ce parc urbain, dessiné par l'architecte Bernard Tschumi, est un espace ouvert sur la ville, où architecture urbaine et paysage ne font plus qu'un. Il mêle points (les "folies", ces bâtiments rouges qui parsèment le parc), lignes (allées – galeries de la Villette et de l'Ourcq) et surfaces (prairies et jardins). Dès le printemps, familles et amateurs de farniente investissent les pelouses tandis que les joueurs de djembé font résonner leurs instruments et que les capoeiristes s'entraînent.

⊙ CITÉ DES SCIENCES ET DE L'INDUSTRIE

☎ 01 40 05 70 00 ; www.cite-sciences. fr ; tarif 3-10,50 € selon les sites ; ⏱ 10h-18h mar-sam, jusqu'à 19h dim ; Ⓜ Porte-de-Villette

Apprendre en s'amusant, tel est le credo de ce vaste musée scientifique interactif proposant des expositions permanentes sur les sujets les plus divers (conquête spatiale, océans, roches et volcans, etc.). Les tarifs, variables selon les sites, sont abordables au vu de la qualité des expositions proposées, et certains lieux, comme l'aquarium par exemple, sont accessibles gratuitement. Vous découvrirez la **Cité des enfants**, (6 € et accès au film en relief au cinéma Louis-Lumière) avec ses expositions ludiques et pédagogiques, mais

SUR L'EAU À L'ŒIL !

Pour ceux qui veulent éprouver leurs muscles et s'initier aux joies de l'aviron, du canoë et du kayak en plein Paris, la base nautique de la Villette propose des animations gratuites encadrées par des moniteurs diplômés. Tout se déroule sur le bassin de la Villette, entre la place de la Bataille-de-Stalingrad et le pont de Crimée. Pour les adultes, rendez-vous tous les samedis de 9h à 12h et de 14h à 17h par créneaux de 45 minutes et pour les enfants (de 12 à 17 ans) les mercredis de l'année scolaire de 9h à 12h et de 14h à 17h. Il faut simplement vous inscrire une semaine à l'avance et fournir un brevet de natation de 25 m ainsi que deux photos d'identité.

Base nautique de la Villette (☎ 01 42 40 29 90 ; 41 bis quai de la Loire, XIXᵉ ; gratuit ; ⏱ 9h-12h et 14h-17h, par créneaux de 45 min, adultes sam toute l'année, enfants mer de l'année scolaire ; Ⓜ Riquet)

aussi le **sous-marin Argonaute** (3 €) un ancien vaisseau de la Marine nationale des années 1950. Quant à la sphère parfaite de la **Géode** (36 m de diamètre), elle abrite un cinéma Omnimax où sont projetés des films sur un écran à 180°. Enfin le **Cinaxe** (4,80 €) permet, grâce à des sièges hydrauliques, de ressentir d'un même mouvement l'action se déroulant sur l'écran (course de F1, vol interspatial, etc.). De quoi occuper vos bambins !

Ambiance berlinoise au 25° Est

LES LABORATOIRES D'AUBERVILLIERS

☎ 01 53 56 15 90 ; www.leslaboratoires. org ; 41 rue Lécuyer, Aubervilliers ; ⏱ variables ; 0-5 € ; Ⓜ Aubervilliers-Pantin-Quatre-Chemins

Voici un lieu ouvert à l'initiative de la ville d'Aubervilliers. Les Laboratoires, installés dans une ancienne usine de 900 m², sont axés sur la recherche artistique (plusieurs projets sont menés de concert) et travaillent à mêler différentes disciplines. Vous pourrez notamment voir des pièces de théâtre gratuitement (à 20h, du 1er au 24 du mois sauf dim et lun), des performances, des expositions, et des films régulièrement proposés au public (programme sur le site, rubrique "Actualités").

🍴 SE RESTAURER

Les abords du canal, de plus en plus prisés, ont su garder quelques adresses dont les prix n'ont pas encore flambé.

🍴 25° EST *Restaurant-bar*

☎ 01 42 09 66 74 ; www.25est.com ; 10 place de la Bataille-de-Stalingrad, XIXe ; salades composées à partir de 10,50 €, plats à partir de 8,50 € ; ⏱ 11h-2h tlj sauf lun ; Ⓜ Jaurès ou Stalingrad

Pointez votre boussole vers le 25° Est, installé au bord du bassin de la Villette, derrière l'espace culturel de la rotonde Ledoux. L'intérieur, à la déco très brute, dégage une atmosphère tendance berlinoise dans laquelle on s'attable pour une cuisine sans envergure, mais peu chère. Le lieu vit au rythme des événements, débats, expos et concerts en tout genre.

L'été, la terrasse sur deux niveaux, en surplomb de l'eau, s'impose comme une évidence.

AUX SAVEURS DU LIBAN
Libanais
☎ 01 42 00 17 01 ; 11 et 12 rue Eugène-Jumin, XIXᵉ ; sandwichs à partir de 4,50 €, plats à partir 7 €, formule midi 9 € ; ⏰ tlj sauf dim ; Ⓜ Porte-de-Pantin
Une excellente adresse que ces deux petites échoppes de quartier ! Produits frais et saveurs délicates sont proposés à des prix intéressants. Même un simple sandwich (falafel, *chawarma*, poisson au sésame ou poulet mariné) vous entraîne pour un voyage lointain ! Douceurs orientales en dessert. À emporter ou à déguster sur place.

AUX GOÛTS DU JOUR
Français
☎ 01 46 07 16 78 ; 19 quai de l'Oise/2 rue de Nantes, XIXᵉ ; formules midi à partir de 11 €, plat du jour 9 €, plats à partir de 13 € ; ⏰ tlj sauf dim soir et lun soir ; Ⓜ Corentin-Cariou
Dans un cadre clair et aéré, tout près du canal et du parc de la Villette – murs rouge et blanc, étagères de bonnes BD, fond sonore jazzy –, la carte mêle légumes, viandes et poissons relevés d'épices discrètes (piment d'Espelette, paprika). On se régale de fonds d'artichauts coriandre-citron, de truite grillée, de noix de Saint-Jacques avec légumes croquants. Accueil charmant.

CÔTÉ CANAL *Café-resto*
☎ 01 40 36 92 49 ; www.cotecanal.fr ; 5 quai de la Seine, XIXᵉ ; salades composées à partir de 8,40 €, plats à partir de 9,90 € ; ⏰ tlj 10h-2h ; Ⓜ Jaurès et Stalingrad
Un accueil des plus aimables pour un vrai café-restaurant, fréquenté par une jeunesse pas bobo. La carte est classique et les plats copieux (foie de veau persillé, tournedos, saucisse de Morteau/frites, salades composées, filets de hareng, selle d'agneau grillée…). On s'y régale tard et pour pas cher. Voir aussi *Sortir*, ci-contre.

CAFÉ ROZIER *Café-resto*
☎ 01 42 39 68 98 ; 14 quai de la Loire, XIXᵉ ; plats à partir de 11 €, tartines chaudes 8,50 € ; ⏰ 10h-2h mar-ven, 15h-2h sam-dim ; Ⓜ Jaurès
Son décor contemporain et chaleureux et sa situation à deux pas du canal attirent une clientèle plutôt jeune et branchée. On y vient pour l'ambiance, pour la carte assez étoffée (salades, tagines, plats de viandes et de poissons, brochettes) et pour discuter le soir autour d'un verre (bière 3 €) tout en mangeant des tartines chaudes ou des tapas.

LE BURRITO MEXICANO
Mexicain
☎ 01 42 01 12 38 ; 17 rue Eugène-Jumin, XIXᵉ ; formule midi 10,50 €, plats à partir de 8 € ; ⏰ tlj ; Ⓜ Porte-de-Pantin
Ce restaurant de poche, avec sa mini-terrasse, prépare des *nachos* (8 €),

burritos (poulet, bœuf, végétarien, 8 €), des tacos (9,50 €) ou du chili con carne (9 €) tout en fraîcheur et bien épicés. La formule "burrito" (un burrito au choix et une boisson 9,50 €) est un bon plan pour le déjeuner.

☷ AUX ARTS ET SCIENCES RÉUNIS *Français traditionnel*

☎ 01 42 40 53 18 ; 161 av. Jean-Jaurès, XIXᵉ ; plats à partir de 9,50 €, formules midi à partir de 13,40 €, menus soir à partir de 15,80 € ; ☽ tlj sauf dim ; Ⓜ Ourcq ou Porte-de-Pantin

Bienvenue à la table des Compagnons charpentiers du tour de France ! Les insignes de ces ouvriers de l'excellence ornent la porte en bois. Deux grandes salles au décor rustique pour une cuisine sans fioritures et bon marché. Un savoir-faire capable aussi de s'envoler vers les sommets de la gastronomie authentique. Entre foie gras, côte de veau à la normande et truite aux amandes, il va sans dire que les régions sont ici bien représentées !

☷ LE JUMIN
Français traditionnel

☎ 01 42 08 31 36 ; 25 rue Eugène-Jumin, XIXᵉ ; plat du jour 9 €, salades composées 10 €, menu 11 € ; ☽ midi tlj sauf dim ; Ⓜ Porte-de-Pantin

Si votre estomac crie famine et que vous avez très envie de cuisine traditionnelle française, à déguster dans une sympathique ambiance

Côté Canal, de jour comme de nuit

de bistrot de quartier, vous voici à la bonne adresse ! Le Jumin concocte en effet des plats simples qui tiennent au corps (pavé de saumon, sauté de veau, poulet rôti) et d'un bon rapport qualité/prix.

☗ PRENDRE UN VERRE ET SORTIR

Rien de tel qu'un bon bol d'air au bord de l'eau. Des terrasses parmi les plus agréables, et les plus abordables de la capitale, n'attendent que vous !

☗ CÔTÉ CANAL *Bar-concerts*

☎ 01 40 36 92 49 ; www.cotecanal.fr ; 5 quai de la Seine, XIXᵉ ; ☽ 10h-2h tlj ; Ⓜ Jaurès et Stalingrad

Dans ce petit bar de quartier, Hocine soigne ses clients (demi 2,50 €).

Les habitués s'en souviennent longtemps, même après avoir quitté Paris ! Concerts gratuits toutes tendances le week-end à la belle saison (chansons à texte, rock, fanfares), expos de peinture et lectures de poésie. Voir aussi *Se restaurer*, p. 100.

▼ BAR OURCQ *Bar*

☎ 01 42 40 12 26 ; http://barourcq.free.fr ; 68 quai de la Loire, XIXᵉ ; ☾ 15h-minuit mer-jeu, jusqu'à 2h ven-sam, jusqu'à 22h dim ; Ⓜ Laumière

Un bien joli endroit, avec sa façade bleu turquoise. De la belle jeunesse, branchée et plutôt bohème, s'y presse pour boire des demis à 2,60 €, dehors près du canal – si possible sur un transat. Concerts gratuits et DJ les week-ends et veilles de jours fériés, jeux de société, pétanque sur la promenade en face…

▼ ABRACADABAR *Café-concerts*

☎ 01 42 03 18 04 ; www.abracadabar.fr ; 123 av. Jean-Jaurès, XIXᵉ ; entrée libre, concerts gratuits ; ☾ 18h-5h jeu-sam, 18h-2h dim-mer ; Ⓜ Ourcq ou Laumière

Quelques soirées associatives (un débat sur le microcrédit si ça vous chante), mais surtout des concerts quasi tous les soirs à 21h et des DJ à partir de 23h les vendredis et samedis, et des demis à 2,50 €. De l'extérieur, le café semble à l'abandon, mais ne vous y fiez pas : ça bouge à l'intérieur !

▼ PÉNICHE ANTIPODE – ABRICADABRA *Péniche-bar*

☎ 01 42 03 39 07 ; face au 69 quai de la Seine, XIXᵉ ; ☾ buvette sam-dim et jours fériés à partir de 14h et avant/après les animations ; Ⓜ Riquet

La buvette de cette péniche amarrée près de la promenade, devant les joueurs de pétanque, sert des bières pression et des verres de vin à partir de 2 € et des jus de fruits à 2/2,50 € – dont certains estampillés commerce équitable, –, que l'on sirote à l'intérieur ou sur le toit, à l'air libre. Animation gratuite certains soirs : bals (le bal des endimanchés), apéros musicaux, soirées-débats…

▼ CENTRE NATIONAL DE LA DANSE *Danse*

☎ 01 41 83 98 98 ; www.cnd.fr ; 1 rue Victor-Hugo, Pantin ; billets à partir de 12 € ; ☾ 9h-13h et 14h-19h lun-ven, 14h-19h sam, jusqu'à 22h les jours de spectacle ; Ⓜ Hoche ou RER E, arrêt Pantin

Le CND est un lieu à découvrir tant pour la richesse de sa programmation, véritable vitrine de la danse contemporaine, que pour son architecture (jeu de niveaux, banquettes design). Le prix des places débute à 11 €, un bon prix au regard de la qualité des spectacles. Très beau de nuit avec ses jeux de lumière, le CND s'apprécie aussi en journée : pour déjeuner au café-restaurant, qui domine le canal de l'Ourcq, et profiter des expositions gratuites.

>SAINT-GERMAIN-DES-PRÉS, QUARTIER LATIN ET MONTPARNASSE

Jadis quartier de la bohème et des avant-gardes qui ont fait la renommée de la rive gauche, cette partie de Paris s'est aujourd'hui largement embourgeoisée. Pris d'assaut par les touristes, le Quartier latin a perdu de sa spécificité, et il est de plus en plus difficile de trouver des lieux (restaurants, bars, magasins) qui n'affichent pas des prix excessifs. Seulement voilà, d'irréductibles amoureux de la capitale résistent, tant bien que mal, et essayent de lui garder son charme d'antan, son esprit un peu décalé, tout en s'efforçant de rester bon marché, ne serait-ce pour le plaisir des étudiants, colonne vertébrale de l'animation dans le secteur. Il existe donc toujours de bonnes tables pas chères, des troquets sympathiques et des boutiques de vêtements à la mode qui ont opté pour de petits prix. La culture n'est pas en reste bien entendu, et les librairies d'occasion, les cinémas d'art et d'essai (qui programment aussi des nouveautés), et quelques musées, permettent à tout un chacun d'avoir accès aux idées en cours, aux meilleures œuvres du 7e art et aux fleurons artistiques de notre patrimoine. Et puis levez les yeux, ce secteur regorge de beautés architecturales, et c'est gratuit !

QUARTIERS

SAINT-GERMAIN-DES-PRÉS, QUARTIER LATIN ET MONTPARNASSE

⊙ SE CULTIVER

Historiquement, la rive gauche de la Seine et le centre de Paris ont toujours constitué un pôle culturel. Il est aisé d'assouvir sa curiosité car certains monuments et musées sont, presque tout le temps, en accès libre. Profitez-en !

⊙ COLLÈGE DE FRANCE

☎ 01 44 27 12 11 ; www.college-de -france.fr ; 11 place Marcelin-Berthelot, Vᵉ ; cours gratuits en accès libre ; ⏱ horaires selon programme ; Ⓜ Cardinal-Lemoine

La transmission du savoir pour tous et gratuitement, voilà la vocation du Collège de France. Fondée en 1530 par François Iᵉʳ, cette institution unique au monde offre donc à tous, et en accès libre, la chance de suivre des cours dispensés par les plus grands chercheurs français et étrangers spécialisés dans de nombreuses disciplines (archéologie, mathématiques, philosophie, médecine, économie, histoire, etc.). André Leroi-Gourhan, Henri Bergson, Raymond Aron, Claude Lévi-Strauss, Jacqueline de Romilly ou encore Paul Valéry, pour ne citer qu'eux, y sont intervenus. Vous pouvez également podcaster les cours sur le site Internet du Collège de France.

⊙ FONDATION HENRI CARTIER-BRESSON

☎ 01 56 80 27 00 ; www.henricartier bresson.org ; 2 impasse Lebouis, XIVᵉ ;

Sculptures d'Ossip Zadkine, musée Zadkine (p. 108)

tarif plein/réduit 6/3 €, entrée libre en nocturne ; ⏱ 13h-18h30 mar-ven et dim, 11h-18h45 sam, nocturne mer 18h30-20h30 ; Ⓜ Gaîté ou Edgard-Quinet

Lors de sa nocturne gratuite du mercredi soir, la Fondation Henri Cartier-Bresson offre de découvrir les œuvres du célèbre photographe (1908-2004), cocréateur en 1947 de la prestigieuse agence Magnum Photos (www.magnumphotos.com). La Fondation, installée dans un ancien atelier d'artiste, propose des expositions temporaires consacrées à d'autres photographes et à des artistes plasticiens. Bel espace au 3ᵉ étage, sous la verrière.

SAINT-GERMAIN-DES-PRÉS, QUARTIER LATIN ET MONTPARNASSE

Voir carte page suivante

⚫ MUSÉE NATIONAL EUGÈNE DELACROIX

☎ 01 44 41 86 50 ; www.musee-delacroix. fr ; 6 rue de Furstenberg, VIe ; 5 €, gratuit 1er dim du mois et 14 juillet ; 🕙 9h30- 17h mer-lun ; Ⓜ Saint-Germain-des-Prés ou Mabillon

Le père du romantisme français a vécu dans cette cour intime jusqu'à sa mort en 1863. Ses œuvres les plus

SAINT-GERMAIN-DES-PRÉS, QUARTIER LATIN ET MONTPARNASSE

célèbres sont conservées au musée du Louvre (p. 27), au musée d'Orsay (p. 163) et à l'église Saint-Sulpice (place Saint-Sulpice), mais la collection de peintures, aquarelles, pastels et dessins du musée et surtout son environnement, sur une petite place ombragée de catalpas, en font un lieu tout à fait unique à découvrir librement le premier dimanche de chaque mois.

☉ MUSÉE ZADKINE
☎ 01 55 42 77 20 ; www.zadkine.paris.fr ; 100 bis rue d'Assas, VIᵉ ; entrée libre sauf pendant expositions temporaires ; ☽ 10h-18h mar-dim ; Ⓜ Notre-Dame-des-Champs ou Vavin

Si vous ne connaissez pas le sculpteur d'origine russe Ossip Zadkine (1890-1967), n'hésitez pas à pénétrer dans cette maison (entrée libre) – qui lui servait aussi d'atelier –, aujourd'hui transformée en musée. Les collections, rassemblant des sculptures en bronze, en marbre, en pierre, mais aussi des bois sculptés et des œuvres sur papier, retracent le superbe parcours créatif de l'artiste, qui fut un temps influencé par le cubisme. Seules les expositions temporaires sont payantes (4 €).

☉ MUSÉE NATIONAL DU MOYEN ÂGE
☎ 01 53 73 78 00 ; www.musee-moyenage.fr ; 6 place Paul-Painlevé, Vᵉ ; tarif plein/réduit 8,50/6,50 €, gratuit 1ᵉʳ dim

du mois ; ☽ 9h15-17h45 mer-lun ; Ⓜ Cluny-La Sorbonne ou Saint-Michel

Ce musée, appelé également musée de Cluny, a pour cadre des vestiges de thermes gallo-romains (Iᵉʳ-IIIᵉ siècle) et l'hôtel de Cluny (fin XVᵉ siècle), le plus bel exemple d'architecture civile médiévale à Paris. Accordez-vous une visite dominicale (gratuité 1ᵉʳ dimanche de chaque mois), pour voir son trésor sans doute le plus précieux : *La Dame à la licorne*, une tenture allégorique du XVᵉ siècle comprenant six panneaux. Les feuillages représentés dans cette série ont inspiré les plantations du jardin attenant.

🛍 SHOPPING
Bien entendu, la rive gauche est synonyme de boutiques aux vitrines tendance qui parfois n'affichent même pas leurs prix… Heureusement, on y trouve aussi des dépôts-ventes, des magasins de dégriffés, et des librairies d'occasion qui rendent le shopping dans le secteur accessible à toutes les bourses. Plus au sud, dans le 14ᵉ arrondissement, la rue d'Alésia est bordée d'une multitude de magasins de stocks, qui attirent une clientèle en quête de bonnes affaires.

⬚ CROCODISC
Disquaire d'occasion
☎ 01 46 34 78 38 et 01 43 54 33 22 ; www.crocodisc.com ; 40 et 42 rue des Écoles, Vᵉ ;

Les bacs bien fournis de Crocodisc

🕑 **11h-19h mar-sam ;** Ⓜ **Maubert-Mutualité ou Cardinal-Lemoine**
Bonne sélection de CD (1-15 €) et de vinyles (2-18 €) – neufs et d'occasion –, de soul, funk, salsa, world music, reggae, pop et rock au n°40 et de hard, punk, new wave et musique de film au n°42. Pour le jazz, le blues, le gospel et la country, passez à **Crocojazz** (☎ 01 46 34 78 38 ; 64 rue de la Montagne-Sainte-Geneviève), au coin de la rue.

🏠 GIBERT JOSEPH
Librairie neuf et occasion
☎ 01 56 81 22 22 ; www.gibertjeune.fr ; 26 et 30-34 bd St Michel, 2-6 et 10 place Saint Michel, 23 et 27 quai Saint-Michel, VIe ; 🕑 9h30-19h30 lun-sam ; Ⓜ Saint-Michel, Cluny-La Sorbonne ou Odéon
Bien entendu, vous trouverez chez Gibert des ouvrages neufs comme dans n'importe quelle librairie parisienne, mais le plus intéressant ici, ce sont les livres d'occasion. Le plus souvent, ils sont en parfait état et sont vendus avec 50 % de réduction. Livres de poche, beaux livres, mais aussi CD, DVD, et papeterie (les diverses boutiques ont chacune leur spécialité). On peut aussi y vendre ses livres. Autre adresse au 15 bis bd Saint-Denis (IIe).

🏠 BOULINIER
Librairie d'occasion
☎ 01 43 26 90 57 ; www.boulinier.com ; 20 bd Saint-Michel, VIe ; 🕑 10h-minuit lun et ven- sam, 10h-23h mar-jeu, 14h-minuit dim ; Ⓜ Saint-Michel ou Cluny-La Sorbonne
Sur le trottoir du "Boul'Mich", des bacs de livres d'occasion, plus ou moins classés par genre, se vendent, pour les moins chers, à 20 centimes d'euros. Il faut aimer fouiller, jouer un peu des coudes et prendre son temps pour dénicher le livre qui vous plaira. Si vous n'êtes pas trop claustrophobe, entrez dans la boutique où, sur différents niveaux, s'offre un choix éclectique de livres, de CD et de DVD de seconde main (et toujours vaguement classés) à des prix modiques. Également rachat de livres, CD, etc.

QUARTIERS

SAINT-GERMAIN-DES-PRÉS, QUARTIER LATIN ET MONTPARNASSE

HERMINE DE PASHMINA
Cachemires
☎ 01 45 49 16 32 ; www.hermine-de
-pashmina.fr ; 39 rue de Vaugirard, VIe ;
🕑 14h-19h lun, 10h-19h mar-sam ;
Ⓜ Rennes ou Saint-Placide
Voir la description du magasin p. 31.

MOUTON À 5 PATTES
Dégriffé multimarque
☎ 01 45 48 86 26 ; 8 et 18 rue Saint-
Placide et 138 bd Saint-Germain, VIe ;
🕑 10h-19h lun-sam, fermé lun en août ;
Ⓜ Saint-Placide ou Odéon
C'est un peu le temple du dégriffé
pour celles et ceux (rayon homme
bien achalandé) qui ne rechignent
pas à passer en revue les portants
sur lesquels sont accrochés, en
rangs très serrés, les jupes, pulls,
pantalons, manteaux, vestes de
grandes marques (Jean-Paul
Gaultier, Helmut Lang, Donna Karan,
Moschino, Ischiko, etc.) et de jeunes
créateurs, vendus à des prix allégés
(autour de 50 € en moyenne). Les
modèles n'étant parfois disponibles
qu'en un seul exemplaire, il faut
passer régulièrement pour repérer
parmi les derniers arrivages votre
article préféré… et l'acheter
sur-le-champ !

LA CLEF DES MARQUES
Dégriffé multimarque
☎ 01 45 49 31 00 ; 122-126 bd Raspail,
VIe ; 🕑 12h30-19h lun, 10h30-19h
mar-sam ; Ⓜ Notre-Dame-des-Champs
ou Vavin

Portants croulant sous les vêtements de grandes marques et de créateurs au Mouton à 5 Pattes

FRINGUES EN STOCK

Alors que les dépôts-ventes proposent des articles d'occasion, les magasins de stocks de certaines marques de vêtements et d'accessoires vendent des articles neufs. Ce sont en fait les collections des saisons précédentes mises en vente à prix réduits, avec des rabais pouvant aller de 30 à 60 %, voire 70 % dans certaines boutiques (plus encore en période de soldes). En général, il y a du choix et il existe de nombreuses tailles pour un même modèle. Nous avons sélectionné pour les Vᵉ, VIᵉ et XIVᵉ arrondissements, les magasins suivants (la plupart se trouvent rue d'Alésia) :

■ **Caroll Stock** (☎ 01 45 48 83 66 ; www.caroll.com ; 30 rue Saint-Placide, VIᵉ ; 🕑 10h-19h lun-sam ; Ⓜ Saint-Placide). Vêtements femmes.

■ **Cacharel Stock** (☎ 01 45 42 53 04 ; www.cacharel.fr ; 114 rue d'Alésia, XIVᵉ ; 🕑 10h-19h lun-ven, jusqu'à 19h30 sam ; Ⓜ Alésia). Vêtements hommes, femmes et enfants.

■ **Dorotennis Stock** (☎ 01 45 42 13 93 ; www.dorotennis.com ; 74 rue d'Alésia, XIVᵉ ; 🕑 10h-19h lun-ven, jusqu'à 19h30 sam ; Ⓜ Alésia). Vêtements femmes.

■ **Georges Rech Stock** (☎ 01 45 40 87 73 ; www.georges-rech.fr ; 100 rue d'Alésia, XIVᵉ ; 🕑 10h-19h lun-sam ; Ⓜ Alésia). Vêtements femmes.

■ **Stock Zapa** (☎ 01 40 52 00 82 ; www.zapa.fr ; 82 rue d'Alésia, XIVᵉ ; 🕑 10h-19h30 lun-sam ; Ⓜ Alésia). Vêtements femmes.

■ **SR Store** (stock Sonia Rykiel ; ☎ 01 43 95 06 13 et 01 45 43 80 86 ; www.soniarykiel. com ; 64 et 110-112 rue d'Alésia, XIVᵉ ; 🕑 10h45-18h45 mar-sam ; Ⓜ Alésia). Vêtements hommes, femmes et enfants.

Vêtements de ville et de sport, lingerie, chaussures pour hommes, femmes et enfants, maroquinerie, linge de maison, accessoires divers… autant de possibilités de fouiner à loisir dans ces deux grands magasins d'articles dégriffés (jusqu'à 70% de réduction). Les accros de certaines marques (Petit Bateau, Absorba, Chantal Thomass, Stella McCartney, Diesel, Ralph Lauren, Marlboro, Asics, Samsonite, etc.) pourront s'équiper sans trop bourse délier.

🅲 **CHERCHEMINIPPES**
Dépôt-vente
☎ 01 45 44 97 96 ; 102,109-111 et 124 rue du Cherche-Midi, VIᵉ ; 🕑 11h-19h lun-sam ; Ⓜ Falguière

C'est de l'occasion, mais de l'occasion haut de gamme, ma chère ! De part et d'autre de la rue du Cherche-Midi, plusieurs dépôts-ventes proposent des vêtements pour hommes, femmes et enfants, mais aussi des accessoires de mode et de décoration. Les prix affichent

QUARTIERS

SAINT-GERMAIN-DES-PRÉS, QUARTIER LATIN ET MONTPARNASSE

un bon 50% de réduction sur les articles de prêt-à-porter tendance et les modèles de grands couturiers (Hermès, Dior, Issey Miyake, Paul Smith, …). Un bon spot pour s'offrir la petite robe noire de ses rêves. Rayon de vêtements de grossesse également.

🏠 HANG SENG HENG
Vêtements et accessoires
☎ 01 43 25 19 26 ; 18 rue de l'Odéon, VIe ; 🕐 10h30-18h30 lun-sam ; Ⓜ Odéon
Vous allez partir en vacances et vous voulez ajouter à votre valise, sans vous ruiner, un tee-shirt en soie, un sarong, une paire de tongs

Le stock Caroll (p. 111)

et un éventail ? Cette boutique très fournie, implantée dans l'élégante rue de l'Odéon, vend une foule de vêtements (hommes, femmes et enfants) et d'accessoires (dont de la vaisselle) à des prix défiant toute concurrence dans le secteur.

🏠 LA PISCINE
Dégriffé multimarque
☎ 01 44 07 01 38 ; 19-21 rue de l'Ancienne-Comédie, VIe ; 🕐 10h30-19h30 lun-sam, 12h-19h30 dim ; Ⓜ Odéon ou Mabillon
Voir la description du magasin p. 52.

🏠 BIJOUX MONIC *Bijoux*
☎ 01 43 25 36 61 ; www.bijouxmonic. com ; 14 rue de l'Ancienne-Comédie, VIe ; 🕐 10h30-19h lun-sam ; Ⓜ Odéon ou Mabillon
Voir la description du magasin p. 49.

🏠 MARCHÉ AUX PUCES DE LA PORTE DE VANVES
Marché
Av. Georges-Lafenestre et av. Marc-Sangnier, XIVe ; 🕐 7h-18h sam et dim ; Ⓜ Porte-de-Vanves
Le plus petit marché aux puces de Paris, malgré tout digne d'intérêt pour sa vaisselle et son mobilier rétro (shakers des années 1960 et lampes 1970), ainsi que pour ses vêtements neufs, bottes, sacs et portefeuilles en cuir. Il y a toujours de bonnes affaires à y réaliser.

SR Store, le stock Sonia Rykiel (p. 111)

🍽 SE RESTAURER

Repaires d'étudiants, cantines étrangères, bistrots à l'ancienne… le Quartier latin ne manque pas de ressources en la matière. Au-delà des restos japonais de la rue Monsieur-le-Prince ou des pièges à touristes des rues de la Huchette et de la Contrescarpe, plein de bonnes adresses sortent du lot.

🍽 LE PETIT SAINT-BENOÎT
Français traditionnel

☎ 01 42 60 27 92 ; www.petit-st-benoit.com ; 4 rue Saint-Benoît, VIᵉ ; plats à partir de 10,50 € ; 🕒 tlj sauf dim ; Ⓜ Saint-Germain-des-Prés

Installé depuis plus d'un siècle dans cette rue devenue très huppée, cet établissement au décor immuable de bonne table de quartier (bois foncé, zinc, tables au coude à coude) a ses habitués qui y ont même leur rond de serviette ! Les plats (plat du jour à 10,50 €) sentent bon la cuisine traditionnelle et familiale (cassolette de poisson, selle d'agneau rôtie, bœuf bourguignon, hachis parmentier) et les additions sont loin d'être des "douloureuses" !

🍽 AU PIED DE FOUET
Français traditionnel

☎ 01 42 96 59 10 ; www.aupieddefouet.com ; 3 rue Saint-Benoît, VIᵉ ; plats à partir de 8,90 €, plats du jour à partir de 11,50 € ; 🕒 tlj sauf dim ; Ⓜ Saint-Germain-des-Prés

Les nappes à carreaux et le service gouailleur donnent à ce tout petit restaurant, situé pratiquement en face du Petit Saint-Benoît, une atmosphère typique de bistrot parisien, hameau d'authenticité au cœur de Saint-Germain-des-Prés. À des prix imbattables pour le quartier (entrées 3,50-5 €, plats à partir de 8,90 €, desserts 3,50-4 €), l'ardoise propose des plats simples faits maison (foies de volaille sautés,

QUARTIERS

SAINT-GERMAIN-DES-PRÉS, QUARTIER LATIN ET MONTPARNASSE

confit de canard, fondant au chocolat…). Autre adresse au 45 rue de Babylone (VIIe).

☏ COSI *Sandwicherie italienne*
☎ 01 46 33 35 36 ; 54 rue de Seine, VIe ; sandwichs 5,50-8,50 €, soupes 4,90 €, salades 3,30-5,50 € ; ⏱ 12h-23h tlj ; Ⓜ Mabillon

Voici un spot où prendre un repas dans la rue de Seine à moins de 10 €. Chez Cosi, on compose soi-même son sandwich en choisissant les ingrédients (1 à 3 garnitures : 6 à 9 €) qui viendront agrémenter les délicieux pains chauds sortis du four. Vous pouvez opter pour des sandwichs déjà préparés (5,50-8,50 €) comme le Tom Dooley

(dinde tandoori, cheddar et tomates confites), savoureux. Des airs d'opéras résonnent souvent dans la salle à l'étage, dont les murs sont décorés de toiles en exposition. Formules sandwich, boisson et dessert : 9,50/10,50/11 €.

☏ BISTRO DES AUGUSTINS
Café-restaurant
☎ 01 43 54 04 41 ; 39 quai des Grands-Augustins, VIe ; tartines chaudes 6,50-8 €, salades 8,40-9,90 €, gratins 10 € ; ⏱ 10h-1h tlj ; Ⓜ Saint-Michel

Coincé entre un pub irlandais, un bar canadien et d'autres établissements plus convenus de ce quai, ce tout petit bistrot authentiquement rive gauche,

L'intérieur chaleureux du Petit Saint-Benoît (p. 113)

tapissé de vieilles affiches provenant des bouquinistes d'en face, est une bonne adresse où leurs spécialités, les gratins (10 €), les tartines chaudes (14,50-8 €), et les assiettes de charcuterie (jambon de pays, coppa, chorizo, rillettes et saucisson) peuvent aussi se déguster en terrasse, tout en contemplant la superbe architecture de Notre-Dame.

🍴 INDONESIA *Indonésien*
☎ 01 43 25 70 22 ; 12 rue de Vaugirard, VIᵉ ; menus à partir de 14,50 €, plats 7,50-11 € ; 🕐 tlj sauf sam et dim midi ; Ⓜ Odéon

Face au jardin du Luxembourg, l'Indonesia, géré en coopérative ouvrière, vous fait franchir en un clin d'œil mers et continents. Vous voilà dans l'ambiance d'une habitation indonésienne, grâce à la décoration et au mobilier traditionnels qui suggèrent la douceur des îles. Les menus (à partir de 14,50 €), au grand choix de plats, évoquent un parcours initiatique à la cuisine de l'archipel. Douces saveurs au safran, épices corsées de Java et sauce aux cacahuètes accompagnent les brochettes de poulet, l'agneau ou le bœuf frit.

🍴 LE PETIT VATEL
Français traditionnel
☎ 01 43 54 28 49 ; 5 rue Lobineau, VIᵉ ; formule midi 14 €, entrées 5 €, plats 13 €, desserts 5 € ; 🕐 tlj sauf dim et lun ; Ⓜ Mabillon

Dans une salle lilliputienne aux tonalités chaleureuses, une clientèle éclectique se retrouve autour de la cuisine artisanale aux tarifs fort raisonnables pour un restaurant bordant le marché Saint-Germain. La terrine maison (5 €), la cocotte de veau au safran et pain d'épice (13 €) et le gâteau au chocolat (5 €) – qui a sa petite réputation (miam !) –, se marient en bouche avec un bon verre de vin (à partir de 2 €). Pas de CB.

🍴 AU DOUX RAISIN
Bar à vins et français traditionnel
☎ 09 53 20 47 65 ; 29 rue Descartes, Vᵉ ; formule midi et soir 10 €, plats à partir de 9,50 € ; 🕐 10h-1h tlj ; Ⓜ Place-Monge ou Cardinal-Lemoine

Cet établissement est tout à fait conforme à l'idée que l'on peut se faire d'un petit bar à vin accueillant qui fleure bon les produits du terroir. La formule "crise" à 10 € (une belle assiette de fromage et de charcuterie avec un verre de vin) servie midi et soir est une très bonne affaire. Si vous préférez un plat chaud, les gratins sont à 9,50 €. Tartines à 7 €, assiettes à 8 € et planches à 13 €. Vous aurez le choix entre une cinquantaine de vins différents (le verre de vin bio "Terre nature" à 4 € est savoureux) pour accompagner votre repas. Le cadre est simplement chaleureux et l'accueil charmant. Un bon plan dans le quartier.

GRANDS CHEFS À PORTÉE DE BOURSE

Quelques chefs ont choisi la rive gauche pour proposer, à des tarifs relativement raisonnables, une cuisine créative dans des cadres simples et tendance. Sélection par ordre de prix.

■ **Le Pré Verre** (☎ 01 43 54 59 47 ; 8 rue Thénard, V^e ; formule midi 13,50 €, menu 28,50 € ; 🕙 tlj sauf dim et lun ; Ⓜ Maubert-Mutualité). Ici, la cuisine s'amuse des épices et réserve de belles surprises, le menu du midi est compétitif, l'ambiance, bavarde et décontractée, à l'image du cadre de ce bistrot tenu par le chef Philippe Delacourcelle.

■ **L'Atelier Maître Albert** (☎ 01 56 81 30 01 ; 1 rue Maître- Albert, V^e ; formule midi 24-29 €, menu 32 € ; 🕙 tlj sauf sam midi et dim midi ; Ⓜ Maubert-Mutualité). C'est le chef Emmanuel Monsallier qui officie dans ce restaurant de Guy Savoy, une rôtisserie contemporaine dont le cadre, tout en sobriété, a été créé par Jean-Michel Wilmotte.

■ **Les Cocottes** (135 rue Saint-Dominique, VIIe ; formules 28-39 € ; 🕙 tlj sauf dim ; Ⓜ Champs-de-Mars). C'est la dernière bonne adresse de la rue ouverte par Christian Constant, où œuvre son chef, Philippe Cadeau (voir p.170).

■ **L'Ami Jean** (☎ 01 47 05 86 89 ; 27 rue Malar, VIIe ; menu 34 € ; 🕙 tlj sauf dim et lun ; Ⓜ La Tour-Maubourg). La cuisine généreuse et inventive de Stéphane Jégo en attire plus d'un jusqu'à ce restaurant, qui, derrière sa déco rustique, a tout de l'adresse branchée.

■ **Le Comptoir** (☎ 01 43 29 12 05 ; 9 carrefour de l'Odéon, VIe ; menu resto gastro 50 € ; 🕙 brasserie 12h-18h lun-ven, jusqu'à 23h sam-dim, resto gastronomique 20h30 lun-ven ; Ⓜ Odéon). Inventeur de la brasserie gastronomique moderne, Yves Camdeborde exerce aujourd'hui ses talents dans une petite salle de bistrot Art déco. Brasserie le midi, menus bistronomiques le soir sur réservation.

■ **La Rôtisserie d'en face** (☎ 01 43 26 40 98 ; 2 rue Christine, VIe ; entrée+plat+dessert midi/soir 37/47 € ; 🕙 tlj sauf sam midi et dim ; Ⓜ Odéon ou Saint-Michel). Les volailles à la broche et les poissons rôtis, finement cuisinés par Jacques Cagna, régalent une clientèle qui apprécie également l'atmosphère conviviale et le look bistrot des lieux.

■ **Gaya Rive Gauche** (☎ 01 45 44 73 73 ; 44 rue du Bac, VIIe ; 🕙 tlj sauf dim ; 60 € environ à la carte ; Ⓜ Rue-du-Bac). Pierre Gagnaire a voulu un espace design, pour servir d'écrin à sa cuisine délicate, axée sur les produits de la mer, et préparée par Nicolas Fontaine.

■ **Ze Kitchen Galerie** (☎ 01 44 32 00 32 ; 4 rue des Grands-Augustins, VIe ; 65 € environ à la carte ; 🕙 tlj sauf sam midi et dim ; Ⓜ Saint-Michel). Passionné par l'Asie du Sud-Est, William Ledeuil crée, dans son office ouvert sur la salle, une cuisine de saveurs où les goûts se superposent et les jus et condiments tiennent le haut du pavé.

■ **L'Atelier de Joël Robuchon** (☎ 01 42 22 56 56 ; 5 rue de Montalembert, VIIe ; 80 € environ à la carte ; 🕙 tlj ; Ⓜ Rue-du-Bac). Le médiatique Joël Robuchon sert ici sa cuisine inspirée sur de longs bars design. Mais il réserve ses meilleurs tarifs à la rive droite. **La Table de Joël Robuchon** (☎ 01 56 28 16 16 ; 16 avenue Bugeaud, XVIe ; Ⓜ Victor Hugo) propose un menu midi à 59 € (vin compris !) et cela même le week-end.

🍴 BAR À SOUPES-MAISON
GIRAUDET *Soupes artisanales*
☎ 01 43 25 44 44 ; 5 rue Princesse, VIe ; soupes 5,60-7,20 €, formules à partir de 11,50 € ; 🕙 10h-17h lun-ven, jusqu'à 19h sam ; Ⓜ Mabillon

Des murs en pierre apparente, de hauts tabourets de bar, un comptoir qui occupe pratiquement toute la salle, le Bar à Soupes est un endroit exigu où l'on vient surtout pour manger sain et vite fait. Les soupes (potager bio, lentilles corail au curry…), préparées au comptoir, sont proposées en diverses quantités, dans de grands gobelets en carton (200 à 350 ml) à consommer sur place ou à emporter. La formule soupe à 11,50 € (10,50 € à emporter) comprend une soupe, des quenelles (de volaille ou nature, entre autres), et une verrine ou un cake en dessert. Boutique-traiteur au 16 rue Mabillon.

CAFÉ DE L'EMPIRE *Brasserie*
☎ 01 40 15 91 18 ; 17 rue du Bac, VIe ; plats du jour 10,90-12 €, salades 9,90 €, brunch dim 16 € ; 🕙 tlj midi et soir ; Ⓜ Rue-du-Bac ou Solférino

Moulures, banquettes capiton-nées, gravures anciennes… nous sommes dans le très chic VIIe arrondissement de Paris, mais les prix sont ici bien plus modérés qu'à l'accoutumée et la cuisine plus recherchée que dans un simple bistrot. Magret de canard, lieu noir à la purée de céleri… le plat du jour (10,90 €) donne le choix entre viande et poisson. En dessert, le fondant au chocolat et sa glace à la vanille maison (5 €) est très recommandable.

🍴 CRÊPERIE JOSSELIN
Crêperie bretonne
☎ 01 43 20 93 50 ; 67 rue du Montparnasse, XIVe ; crêpes 4,20-10,60 €, menu 10 € ; 🕙 tlj sauf lun ; Ⓜ Montparnasse-Bienvenüe ou Edgar-Quinet

Considérée comme l'une des meilleures crêperies de la capitale, Josselin ne désemplit pas et conforte sa réputation en servant toujours de bonnes galettes, nourrissantes et économiques. La complète (œuf, jambon, fromage, champignons) à 9,10 €, ou la courgette, fromage et lard (8,90 €) sont délicieusement préparées, dans un cadre typique bien qu'assez bruyant. Les crêpes en elles-mêmes ne sont ni trop molles ni trop sèches, et ont un bon goût de beurre breton ! Pas de CB. Autre adresse dans la même rue.

🍴 AQUARIUS *Végétarien*
☎ 01 45 41 36 88 ; 40 rue de Gergovie, XIVe ; plats 10 €, formule sem 12 €, menu 15 € ; 🕙 tlj sauf dim ; Ⓜ Plaisance ou Pernety

C'est dans un cadre chaleureux que la clientèle, qu'elle soit végétarienne ou non, se pose tranquillement

Assiettes bretonnes à la Crêperie Josselin (p. 117)

pour savourer des plats sains et bon marché (ravioles gratinées avec ratatouille, bourguignon de seitan, couscous royal…) qui respectent l'usage en substituant aux viandes du seitan (pâte à base de gluten de froment cuite dans un bouillon aromatique). Le *mixed-gril* (16 €), très complet, est copieux et les desserts succulents.

🍴 LE DAUDET
Français traditionnel
☎ 01 45 40 82 33 ; 16 rue Alphonse-Daudet, XIVᵉ ; plat du jour 11 € ; 🕒 tlj sauf dim ; Ⓜ Alésia
Chaud devant ! À l'heure du coup de feu, les assiettes sont apportées prestement aux tables sous l'œil attentif du patron. Pas de menu, seulement des plats traditionnels (assiette de terrine de poisson 7,50 €, petit salé aux lentilles 11 €) de qualité. Les conversations vont bon train dans cette charmante petite adresse, au décor de bistrot, qui crée une certaine animation dans cette portion du quartier plutôt sage. Belle terrasse, prise d'assaut aux beaux jours.

🍴 LA CANTINE DU TROQUET
Bistronomique
☎ Pas de téléphone ; 101 rue de l'Ouest, XIVᵉ ; plats 13-17 €, menu midi et soir 30 € ; 🕒 tlj ; Ⓜ Pernety
La dernière adresse de Christian Etchebest décline à merveille des classiques du bistrot, revisités à la mode basque. Caillé de chèvre au pistou (7 €), tripes à la basquaise (13 €) ou dorade et piperade (14 €) sont autant de vrais plaisirs de table à prix démocratiques. Le cadre décontracté, sans apprêts – on choisit ses plats à l'ardoise avant de prendre place autour de grandes tables collectives – attire une clientèle d'habitués. Pas de réservations : mieux vaut arriver tôt.

🍴 KOOTCHI *Afghan*
☎ 01 44 07 20 56 ; 40 rue du Cardinal-Lemoine, Vᵉ ; menus à partir de 9,20 €, plats 11-14,50 € ; 🕒 tlj sauf dim ; Ⓜ Cardinal-Lemoine ou Jussieu

Tissus typiques aux murs et fond musical local, cuisine délicate, très parfumée, à prix doux : la clientèle du Kootchi est toujours prête pour un voyage en Afghanistan. Le borani palaw (plat végétarien aux aubergines, tomates, riz, oignons, épices, pistaches, amandes, raisins et fromage séché des nomades), le sabzi tchalaw (carré de veau, épinards, oignons), et le *ferni*, un flan aux pistaches, à la cardamome et à l'eau de rose régalent les fines bouches. Et si vous osiez le dogh (boisson salée au yaourt, concombre et menthe) pour accompagner le tout ?

⊞ AU VIEUX CÈDRE
Traiteur libanais
☎ 01 46 34 55 67 ; 2 rue Blainville, Vᵉ ; **menus à partir de 6 €, plats cuisinés 4-8 €** ; ⏱ tlj jusqu'à 2h ; Ⓜ Place Monge
Ce traiteur libanais, qui officie depuis des dizaines d'années dans une minuscule échoppe de la rue de Blainville (vers la place de la Contrescarpe), sert des plats préparés à emporter et des sandwichs à la demande (*chawarma* au bœuf mariné 4 €, *chankliche* au fromage de chèvre 3,50 €) qui conjuguent fraîcheur, qualité et modicité des prix. Goûtez le taboulé, c'est un vrai délice ! Parmi les différentes propositions bon marché et de qualité juste correcte du quartier Mouffetard, Au Vieux Cèdre est une valeur sûre. Et l'on vous accueille toujours avec le sourire !

⊞ FOYER VIETNAM
Vietnamien
☎ 01 45 35 32 54 ; 80 rue Monge, Vᵉ ; **menus à partir de 9,20 €, plats à partir de 6,50 €** ; ⏱ tlj sauf dim ; Ⓜ Monge
Cette discrète cantine vietnamienne attire toujours autant de monde ! Familles, étudiants, employés… tous prennent place dans une longue salle sans âge ni style bien défini, et commandent des lunes de riz aux crevettes (4,80 €), un *bo-bun* (7,20 €) ou du canard au gingembre (9,20 €), ou bien piochent dans les menus (à partir de 9,20 €) proposés midi et soir, dont certains incluent le riz à volonté. Pas de CB.

⊞ ROBERTA *Traiteur italien*
☎ 01 49 54 34 04 ; FNAC Montparnasse niveau -1, 136 rue de Rennes, VIᵉ ; **formule à partir de 8 €** ; ⏱ 10h-19h tlj sauf dim ; Ⓜ Montparnasse-Bienvenüe ou Saint-Placide
Curieusement, c'est au sous-sol de la FNAC-Montparnasse que vous trouverez ce petit coin d'Italie. Dans un espace aux allures design plutôt agréable pour faire une pause, on vous propose une formule pizza et boisson à 8 € ou pâtes et dessert à 11,20 €, des pizzas à partir de 7 € ou l'assiette d'antipasti à 9,80 €. Vous pouvez aussi composer vous-même votre assiette en choisissant parmi les différentes sortes de mozzarellas (fumée, tressée, cuite, etc.) exposées au comptoir. Certes la vue n'est pas géniale (à moins d'être vraiment un

Ambiance cinématographique au Reflet

fan de CD), mais qu'importe : il y a du soleil dans votre assiette !

🍴 LE REFLET
Français traditionnel
☎ 01 43 29 97 27 ; 6 rue Champollion, Vᵉ ; salades 9 € , plat du jour 11 € ; 🕙 tlj ; Ⓜ Cluny-La Sorbonne

Juste en face du cinéma Reflet Médicis, ce bar-restaurant, dont la décoration rend hommage au 7ᵉ art, sert des plats tout simples et bon marché dans une atmosphère décontractée plutôt estudiantine. Omelettes (7-8 €), plat du jour (11 €), salades composées (9 €) sont à l'ardoise. Si vous voulez juste y boire un verre, sachez que la bière est à 3 € en salle jusqu'à 22 heures, puis passe à 3,50 € (au comptoir : 2,50 € puis 3 €).

🍸 PRENDRE UN VERRE ET SORTIR

Ça bouge bien dans le quartier, et les lieux cités ci-dessous devraient, parce qu'ils sont peu chers, vous permettre de boire un verre, de vous faire une toile et pourquoi pas, d'aller danser, le tout dans la même soirée.

🍸 LE RALLYE TOURNELLE
CAFÉ *Bar-tabac-brasserie*
☎ 01 43 54 28 65 ; 11 quai de la Tournelle, Vᵉ ; 🕙 8h-jusqu'à tard tlj ; Ⓜ Jussieu ou Cardinal-Lemoine

Il est toujours plaisant de garer son vélo à côté des berlines de luxe des clients de la Tour d'Argent quand on arrive au Rallye Tournelle !

MOINS CHER QU'UN DVD !

Les cinémas du Quartier latin, qui depuis de nombreuses années programment de vieux films, des courts métrages, mais aussi des films plus confidentiels et les nouveautés à l'affiche, pratiquent des tarifs plus avantageux que ceux des grandes salles qui diffusent les dernières exclusivités. Vous pouvez également vous offrir une séance à tarif réduit, quel que soit votre âge, certains jours de la semaine, et parfois même le week-end, (voir les indications ci-dessous), et voir ou revoir Le Docteur Folamour de Stanley Kubrick, La Strada de Federico Fellini ou encore Une nuit à l'opéra des Marx Brothers pour 4 ou 6 €, moins cher qu'un DVD, même d'occasion ! Et avouez quand même que le grand écran d'un cinéma et le rire communicatif des autres spectateurs ajoutent au bonheur de regarder un bon film.

■ **Accatone : salle Anatole Dauman** (☎ 01 46 33 86 86 ; 20 rue Cujas, V^e ; tarif plein/réduit 8/6 €, séances de midi et 14h sauf week-end 6 €, ven et veilles de fêtes 6 € jusqu'à 18h30 ; Ⓜ Luxembourg)

■ **Champo** (☎ 01 43 54 51 60 ; www.lechampo.com ; 51 rue des Écoles, V^e ; tarif plein/réduit 8/6 €, tlj séance de midi 5 €, dernière séance mer et dim 6 € ; Ⓜ Odéon ou Cardinal-Lemoine)

■ **Épée de Bois** (☎ 08 92 68 07 52, 0,45 €/min ; www.cinema-epee-de-bois.fr ; 100 rue Mouffetard, V^e ; tarif plein/réduit 6,80/5,50 €, lun et mer 5,50 €, tlj séances 10h et midi 4 € ; Ⓜ Censier-Daubenton ou Place-Monge)

■ **Espace Saint-Michel** (☎ 01 44 07 20 49 ; www. cinemasaintmichel.free.fr ; 7 place Saint-Michel, V^e ; tarif plein/réduit 7,50/6 €, dernière séance dim 6 € ; Ⓜ Saint-Michel)

■ **Filmothèque du Quartier Latin** (☎ 01 43 26 84 65 ; www.lafilmotheque.fr ; 9 rue Champollion, V^e ; tarif plein/réduit 8/6 €, tlj séance de midi 5 € ; Ⓜ Cluny-La Sorbonne)

■ **Grand Action** (☎ 01 43 29 44 40 ; www.legrandaction.com ; 5 rue des Écoles, V^e ; tarif plein/réduit 8,50/6,50 €, tlj séance avant 14h 5 € ; Ⓜ Cardinal-Lemoine)

■ **Reflet Médicis** (☎ 01 43 54 42 34 ; 3 rue Champollion, V^e ; tarif plein/réduit 8,90/6,80 €, tlj séance avt midi 5,90 € ; Ⓜ Cluny-La Sorbonne)

■ **Studio des Ursulines** (☎ 01 43 26 19 09 ; www.studiodesursulines.com ; 10 rue des Ursulines, V^e ; tarif plein/réduit 7,60/6,30 €, mer 6,30 €, tlj séance avt midi 5 € ; Ⓜ Saint-Michel ou Odéon)

■ **Studio Galande** (☎ 0892 68 06 24, 0,45 €/min ; www.studiogalande.fr ; 42 rue Galande, V^e ; tarif plein/réduit 8/6 €, mer 6 €, séance de midi 5 € ; Ⓜ Saint-Michel). Rocky Horror Picture Show ven et sam soir à 22h10 (5 €, plus pourboire aux artistes ; apportez du riz !).

■ **3 Luxembourg** (☎ 01 46 33 97 77 ; www.lestroisluxembourg.com ; 67 rue Monsieur-le-Prince, VIe ; tarif plein/réduit 7,50/6 €, mer et lun 6 € ; Ⓜ Odéon)

QUARTIERS

SAINT-GERMAIN-DES-PRÉS, QUARTIER LATIN ET MONTPARNASSE

QUARTIERS

SAINT-GERMAIN-DES-PRÉS, QUARTIER LATIN ET MONTPARNASSE

Bœuf au Caveau de la Huchette

Ce bar-tabac-brasserie, aux banquettes rouges et aux tables de bistrot, est souvent plein de joyeux drilles venus boire, entre autres, les demis (2,50 €) servis par le sympathique patron, Joseph. En journée, on peut prendre un plat du jour (10,50 €) ou un sandwich (4 €), et le soir, une belle assiette de charcuterie (10,50 €). Terrasse animée.

� LA BALEINE
Café-restaurant
☎ 01 40 79 80 72 ; dans le Jardin des Plantes, 47 rue Cuvier, Vᵉ ;
🕙 11h-23h tlj ; Ⓜ Jussieu
S'il existe une terrasse de rêve dans Paris, dès que le soleil pointe le bout de son nez, c'est bien celle du café-restaurant La Baleine.

Vous êtes dans le Jardin des Plantes, à la cool, dans la verdure, complètement déconnecté de l'agitation urbaine, tout en prenant votre café (2,50 €) ou en sirotant un verre de vin (3,50-4,40 €). Un délicieux goût de campagne que l'on peut s'offrir à moindre coût.

� CAVEAU DE LA HUCHETTE
Jazz et rétrospectives
☎ 01 43 26 65 05 ; www.caveaudela huchette.fr ; 5 rue de la Huchette, Vᵉ ; tarif plein/étudiant 12-14/10 €, entrée libre à partir de 2h jeu-sam ; 🕙 21h30-2h30 dim-mer, jusqu'à l'aube jeu-sam ; Ⓜ Saint-Michel
Ces caves médiévales, transformées en chambres de torture sous la Révolution, ont vu défiler, entre

QUARTIERS

SAINT-GERMAIN-DES-PRÉS, QUARTIER LATIN ET MONTPARNASSE

autres pointures du jazz, Count Basie, Lionel Hampton, Memphis Slim, Hal Singer et Sacha Distel. De nos jours, le Caveau est plutôt enclin aux rétrospectives et propose, les jeudis, vendredis et samedis à partir de 2 heures du matin, de venir écouter gratuitement les musiques des années 1950 au début des années 1980 (consommations à partir de 5 €).

L'ASSIGNAT *Café-restaurant*
☎ 01 43 54 87 68 ; 7 rue Guénégaud, VIᵉ ; 9h-22h lun-mer, 9h-0h30 jeu-dim ; Ⓜ Odéon

Oui, il est possible de prendre un verre rue Guénégaud, juste à côté de l'hôtel de la Monnaie, sans regarder à la dépense ! Dans ce troquet assez insolite pour le quartier, et fréquenté par de bons vivants, on peut boire une bière (2 € au comptoir, 2,30 € en salle) et faire une partie de baby-foot avant d'assister aux répétitions de la célèbre fanfare des Beaux-Arts. Animation garantie. On peut aussi casser la graine (le midi seulement) : le menu à 12 € (entrée, plat, dessert et un quart de vin) est une véritable aubaine.

PETITS BALS EN PLEIN AIR
Danse
Quai Saint-Bernard, square Tino-Rossi, Vᵉ ; accès libre ; 19h-minuit tlj (jusqu'à 1h le week-end) juin-sept ; Ⓜ Jussieu ou Sully-Morland

Allons guincher en bord de Seine ! Dès que les beaux jours arrivent, les petits bals en plein air du quai Saint-Bernard (sous l'Institut du monde arabe) offrent leurs pistes aux danseurs de tout poil. Une seule condition pour s'essayer à la salsa, au tango, au rock, ou aux danses traditionnelles : venir avec sa bonne humeur ! Un rendez-vous "free" qui a lieu tous les soirs d'été (selon la clémence de la météo), jusqu'à minuit en semaine et 1 heure du matin le week-end. Et en attendant de vous lancer sur la piste, vous pouvez toujours faire un pique-nique et regarder passer les péniches.

ODÉON THÉÂTRE DE L'EUROPE *Théâtre*
☎ 01 44 85 40 40 ; www.theatre-odeon.fr ; 1 place de l'Odéon, VIᵉ ; billetterie 11h-18h lun-sam, spectacles 20h mar-sam, 15h dim ; Ⓜ Odéon

Les deux superbes salles de ce théâtre, qui a bénéficié de longs travaux de rénovation, accueillent des spectacles de grande qualité en général, et les prix y sont particulièrement modérés. Pour assister aux représentations à un tarif défiant toute concurrence, tout en ayant une bonne visibilité, prenez vos places en série 4, dans les baignoires du bas (une vraie affaire), ou au 2ᵉ balcon, de face (10 à 12 € environ).

>MONTMARTRE ET BARBÈS

C'est le Nord ! Le nord de Paris, là où, sur le point culminant de la capitale, se découpe la célèbrissime silhouette du Sacré-Cœur. Là où les touristes affluent, attirés par le marché aux puces et par le folklore entretenu du "Paris bohème" du début du XXᵉ siècle. Montmartre, un quartier où l'on venait jadis s'encanailler, parce qu'il jouissait d'une réputation sulfureuse et qu'il était peu onéreux… De nos jours, hormis certaines rues devenues on ne peut plus branchées – comme la place des Abbesses –, son caractère populaire se confirme, surtout autour de Barbès, de Clignancourt ou de la Goutte d'Or, où une multitude de magasins s'alignent le long des boulevards, débordant de marchandises vendues à des prix imbattables. En flânant dans le secteur, on a l'impression qu'ici, le commerce est roi, et l'on sait que l'on rentrera chez soi des sacs plein les bras, sans pour autant avoir vidé son porte-monnaie. Les bars et les restaurants ne sont pas en reste, et certains servent de bons petits plats sans forcer sur la note. Certes, vous êtes tout au nord de Paris, bien loin de la Seine et du centre historique, mais si près des bonnes affaires !

MONTMARTRE ET BARBÈS

👁 SE CULTIVER

Espace Canopy	1	D4
Magnum Gallery	2	A4
Musée de la Vie romantique	3	B5
Musée national Gustave-Moreau	4	B6

🏠 SHOPPING

Dreyfus déballage du marché Saint-Pierre	5	D4
Espace Orient	6	C5
Guerrisol	7	D5
La Chaise Longue	8	C5
La Piscine	9	C4
Marché Antica	10	C1
Marché Biron	11	C1
Marché Cambo	(voir 10)	
Marché Dauphine	12	C1
Marché des Rosiers	13	C1
Marché Jules-Vallès	14	C1
Marché Malik	(voir 14)	
Marché Paul-Bert	15	C1
Marché Vernaison	(voir 9)	
Marché Vernaison	16	D1
Pylônes	17	C5
Dayan Textiles	18	D5
Sport Discount	19	C5
Stock Etam	20	D5
Stock Maje	21	C5
Surplus APC	22	D4
Sympa	23	C5
Sympa	24	C5
Tati	25	D5
Tati	26	A4
Toto	27	D4

🍽 SE RESTAURER

Aux Négociants	28	C4
Chez Marie	29	D4
Domaine de Lintillac	30	B5
Halle Saint-Pierre	31	C4
Le Mono	32	B4
Le Petit Budapest	33	C4
Le Picolo	34	C1
Le Relais Gascon	35	C5
Les Trois Frères	36	D4
L'Été en Pente Douce	37	D4
Nioumré	38	D4
Tin Tin	40	D3

🍷 PRENDRE UN VERRE ET SORTIR

Au Rendez-Vous des Amis	41	C4
La Fourmi	42	C5
Le Cyrano	43	A5
Le Divan du Monde	44	C5
Théâtre de l'Œuvre	45	A5

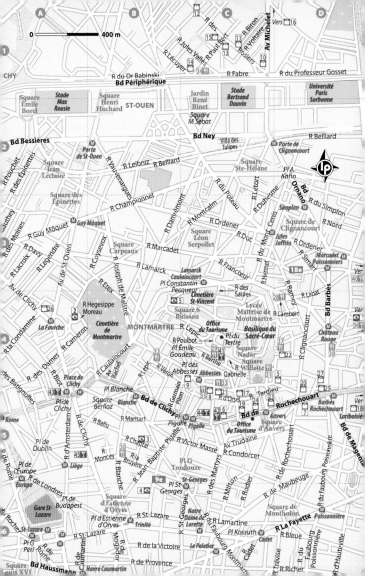

MONTMARTRE ET BARBÈS

◉ SE CULTIVER

Montmartre offre des occasions de visiter librement des lieux fort différents comme la Galerie Magnum, le musée Gustave-Moreau ou l'Espace Canopy.

◉ MAGNUM GALLERY

☎ 01 53 42 50 00 ; www.magnum photos.com ; 19 rue Hégesippe-Moreau , XVIIIe; entrée libre ; ⊙ 9h30-18h30 tlj sauf sam et dim ; Ⓜ La Fourche

La célèbre agence Magnum a enfin ouvert son espace galerie, où l'on peut découvrir librement le travail des photographes maison (Robert Capa, Elliott Erwitt, Martin Parr, Marilyn Silverstone, Josef Koudelka…) à travers une sélection de tirages d'époque ou récents. Un bel escalier en transparence mène aux bureaux, la galerie étant ouverte au sein même de l'agence. Un autre espace, en accès libre, a ouvert au 13 rue de l'Abbaye, dans le VIe (☎ 01 46 34 42 59 ; 11h-19h mar-sam).

◉ ESPACE CANOPY

☎ 06 06 72 26 67 ; www.labelette.info ; 19 rue Pajol ; entrée libre ; ⊙ 14h-19h mer-ven, jusqu'à 19h30 sam-dim ; Ⓜ La Chapelle

Sa façade rouge framboise attire les regards. Décidée à montrer des œuvres d'artistes méconnus et à tendre des passerelles entre plusieurs disciplines, cette jolie galerie toute

claire organise aussi d'autres événements, comme des soirée slam et poésie chaque 3e vendredi du mois.

◉ MUSÉE NATIONAL GUSTAVE-MOREAU

☎ 01 48 74 38 50 ; www.musee-moreau. fr ; 14 rue de La Rochefoucauld, IXe ; tarif plein/réduit 7,50/5,50 €, gratuit 1er dim du mois ; ⊙ 10h-17h15 tlj sauf mar ; Ⓜ Trinité ou Saint-Georges

Ce musée, autrefois la demeure parisienne de Gustave Moreau (1826-1898), présente la plus grande partie de son œuvre sur trois étages (le rez-de-chaussée est actuellement fermé pour rénovation). Lors d'une visite gratuite le 1er dimanche du mois, vous pourrez admirer ses peintures, qui inspirèrent les symbolistes et les surréalistes, comme *L'Apparition* (vers 1876) ou *Les Chimères* (1884), mais aussi ses aquarelles et ses très nombreux dessins. Un cabinet de curiosités (collection d'antiquités, de livres rares et d'objets insolites), ainsi que l'atelier de Moreau, un salon, un boudoir, etc. ont été conservés ou restaurés à l'identique.

◉ MUSÉE DE LA VIE ROMANTIQUE

☎ 01 55 31 95 67 ; hôtel Scheffer-Renan, 16 rue Chaptal, IXe ; entrée libre sauf pendant expositions temporaires ; ⊙ 10h-18h tlj sauf lun ; Ⓜ Saint-Georges, Pigalle, Blanche ou Liège

Chef de file des romantiques, le peintre Ary Scheffer (1795-1858) recevait, dans cette propriété néo-classique, l'élite intellectuelle et les artistes du Paris de la monarchie de Juillet (1830-1848). Rossini, Dickens, Tourgueniev, Géricault, Delacroix, mais aussi Berlioz, Chopin, Liszt et George Sand, pour ne citer qu'eux, fréquentèrent les lieux. Ce musée présente désormais, à travers des souvenirs de George Sand (objets, documents), des peintures de Scheffer et de ses contemporains, l'époque romantique. Parmi les œuvres des collections permanentes gratuites, ne manquez pas l'impressionnant moulage de la *Main de Chopin* (1847) par Clésinger, et le *Portrait de George Sand* (1838) signé Charpentier.

🛍 SHOPPING

Dans le quartier, les bonnes affaires vous tendent les bras, souvent jusque sur le trottoir ! Vêtements dégriffés, stock de prêt-à-porter, mais aussi magasins de tissus, comme le marché Saint-Pierre ou chez Reine, et des échoppes de textiles qui s'égrènent au pied de la butte. Ici on tâte, on fouille, on fait corps avec les articles !

🛍 TATI *Grand magasin*
☎ 01 55 29 50 00 ; www.tati.fr ; 4 bd de Rochechouart, XVIIIᵉ ; ⏱ 10h-19h lun-ven, 9h15-19h sam ; Ⓜ Barbès-Rochechouart
Depuis la fin des années 1940, Tati a inscrit son nom sur un fond

Tati, le roi du prix réduit

On fouille, on fouine, on farfouille chez Sympa

vichy rose bien reconnaissable et reste l'un des magasins les moins chers de la capitale. Vêtements (hommes, femmes, enfants), accessoires, vaisselle, ustensiles de cuisine et petits appareils ménagers, produits de beauté et d'hygiène, objets de déco… On trouve à peu près tout à des prix absolument imbattables. L'inavouable secret de tous les Parisiens à la mode, c'est d'aller dénicher la bonne affaire en farfouillant dans les bacs. Autre adresse au 76 av. de Clichy (XVIIᵉ).

📷 STOCK ETAM
Stock prêt-à-porter
☎ 01 46 06 44 08 ; 2 rue de Clignancourt, XVIIIᵉ ; 🕐 10h-19h30 tlj sauf dim ; Ⓜ Barbès-Rochechouart
Etam affiche déjà des prix raisonnables dans ses boutiques,

et ici, comble du bonheur pour les acheteuses, les réductions vont de 50 à 70% ! Pourquoi se priver du petit blouson, du pantalon, ou de l'ensemble soutien-gorge culotte que l'on avait repéré et que l'on s'était laissé souffler lors des soldes ? Vous les trouverez certainement dans ce magasin.

📷 SYMPA *Prêt-à-porter dégriffé*
☎ 01 42 58 70 37 ; 66 et 72 bd de Rochechouart, XVIIIᵉ ; 🕐 10h30-19h30 tlj sauf dim ; Ⓜ Anvers
D'abord, on commence par fouiller dans les bacs installés sur le trottoir, à la recherche d'un petit haut (2 €) Naf Naf, Mexx ou Etam, avant de pénétrer dans l'un des deux magasins où les vêtements des collections passées (hommes, femmes, enfants) sont disposés,

TROUVER LA BONNE AFFAIRE AUX PUCES

Voici le plus grand **marché aux puces** (www.parispuces.com ; 9h-18h sam, 10h-18h dim, 10h-17h lun ; Porte-de-Clignancourt ou Garibaldi) d'Europe ! Il compte 2 500 échoppes réparties en 10 marchés spécialisés, différents tant par leur organisation et leur histoire que par leur style et les objets vendus. Autant dire que vous avez de quoi faire, et il vous faudra y consacrer au moins une bonne demi-journée pour parcourir les stands qui vous intéressent. Créées à la fin du XIXe siècle et désormais classées et protégées, les Puces sont, dans leur ensemble, devenues assez chères depuis plus d'une dizaine d'années. Malgré tout, il est encore possible de faire de bonnes affaires, notamment au **marché Jules-Vallès** (rue Jules-Vallès), qui reste l'un des secteurs le plus authentique et le moins cher. On y trouve encore pas mal d'objets de brocante à des attractifs, surtout si vous n'avez pas peur de marchander ! C'est en fait au croise la rue Paul-Bert que commence la partie brocante des Puces. Sur la droite se passage Lécuyer-Vallès (meubles, ferronnerie, livres et revues, tissus et vi et le marché Jules-Vallès, plus loin dans la rue. Sur la gauche de la rue Jules-Val disquaires de qualité côtoient des fripiers (cuirs, vêtements et dentelles). C'est aussi ce bout de rue que se trouve le restaurant Picolo (voir p. 135). Le dimanche est le jour le plus actif, et le lundi, le plus calme.

Les autres marchés des Puces :
- **Marché Vernaison** (rue des Rosiers et 136 av. Michelet) – jouets, cartes postales, vaisselle, mobilier et livres
- **Marché Biron** (85 rue des Rosiers) – arts et arts décoratifs du XXe siècle, cristallerie, mobilier, cuivres et luminaires
- **Marché Dauphine** (140 rue des Rosiers) – mobilier et objets de prix pour collectionneurs, livres
- **Marché Paul-Bert** (96 rue Paul-Bert) – les allées croisent celles du marché Serpette (dont l'entrée se fait au 110 rue des Rosiers)
- **Marché des Rosiers** (3 rue Paul-Bert) – arts du XXe siècle
- **Marché Antica** (rue des Rosiers) – mobilier
- **Marché Cambo** (rue des Rosiers) – mobilier
- **Marché Malik** (rue Jules-Vallès) – vêtements récents et fripes, chaussures, disques
- **L'Entrepôt** (80 rue des Rosiers) – brocante plus tournée vers les pros mais ouverte au grand public

là aussi, dans des bacs et parfois sur des portants. Les étiquettes affichent des prix défiant toute concurrence (à partir de 1 € !).

Le mieux pour chercher à votre aise est d'y aller aux heures creuses et d'éviter le samedi (beaucoup de clients et peu de caisses).

BONS PLANS PRIX
DU QUARTIER

■ **Pylones** (☎ 01 42 ... ; www.
pylones.com ; 7 rue ... ;
⏰ tlj ; Ⓜ Anvers ou Abbesses).
Objets design. Voir p. 50.

■ **La Chaise Longue** (☎ 01 42 62
34 28 ; www.lachaiselongue.fr ; 91 rue
des Martyrs, XVIIIᵉ ; ⏰ tlj 11h-19h30 ;
Ⓜ Abbesses). Objets design. Voir p. 48.

■ **La Piscine** (☎ 01 42 55 94 45 ;
29 bis rue des Abbesses, XVIIIᵉ ;
Ⓜ Abbesses). Dégriffé multimarque.
Voir p. 52.

■ **Toto** (☎ 01 42 52 90 53 et
01 42 52 69 33 ; http://toto.fr ; 5 et
49 bd Barbès, XVIIIᵉ ; ⏰ 10h-19h tlj
sauf dim ; Ⓜ Barbès-Rochechouart et
Château-Rouge). Tissus. Voir p. 144.

🅐 DREYFUS DÉBALLAGE
DU MARCHÉ SAINT-PIERRE
Tissus
☎ 01 46 06 92 25 ; 2 rue Charles-Nodier,
XVIIIᵉ ; ⏰ 10h-18h30 tlj sauf dim ;
Ⓜ Anvers ou Abbesses

Des tissus à gogo sur six niveaux !
Des plus simples aux plus luxueux,
ce temple du lin, du coton, du
velours, de la soie, de la mousseline,
de la toile cirée et des rubans
est une excellente adresse pour
trouver de quoi confectionner des
rideaux, des housses de couettes
et des vêtements sans dépenser
des fortunes. Les chutes de tissus à
prix cassés sont une aubaine pour
les menus travaux de couture. Si
vous ne trouvez pas votre bonheur,
essayez en face, chez Reine, ou dans
les rues alentour, parmi les petites
boutiques de tissus bon marché.

🅑 SURPLUS APC
Stock prêt-à-porter
☎ ... 62 10 88 ; www.apc.fr ; 20 rue
André-del-Sarte, XVIIIᵉ ; ⏰ 10h-19h tlj
sauf dim ; Ⓜ Château-Rouge ou Anvers

Des lignes de vêtements hommes et
femmes, qui jouent avec la simplicité
et les classiques revisités (cardigans,
chemises, salopettes, jupes, jeans,
vestes, etc.) sont ici proposés avec
50% de réduction sur le prix initial.
Les habitués y viennent
régulièrement, histoire de trouver
la perle rare au gré des arrivages
(collections des saisons passées).

⌂ STOCK MAJE
Stock prêt-à-porter
☎ 01 42 59 75 35 ; 92 rue des Martyrs, XVIIIᵉ ; 🕑 10h-19h tlj sauf dim ; Ⓜ Anvers

Les tops imprimés, les jupes et autres vêtements toujours relevés d'une petite touche fantaisiste ont fait le succès de Maje. Cette marque glamour et urbaine a ses fans, ravies que cette boutique de stock vende des modèles des collections précédentes avec un rabais de 50% minimum. Autre stock au 9 rue du Cherche-Midi, dans le VIᵉ.

⌂ SPORT DISCOUNT
Stock chaussures de sport
☎ 01 42 57 39 16 ;
86-94 bd de Rochechouart, XVIIIᵉ ;
🕑 10h-19h tlj sauf dim ; Ⓜ Anvers

Le choix est aussi vaste que le magasin est grand. On y trouve des piles de baskets de grandes marques à partir de 29 €. Messieurs, vous n'avez plus d'excuses : lâchez votre vieille paire de baskets usées et changez-la enfin – et pour pas cher– contre une paire qui sent bon le neuf !

⌂ ESPACE ORIENT
Prêt-à-porter oriental
☎ 01 55 79 15 67 ; 112 bd de Rochechouart, XVIIIᵉ ; 🕑 10h-19h tlj ; Ⓜ Anvers

Djellabas, robes traditionnelles, babouches, accessoires pour mariées, tenues de danse orientale, bijoux, henné… Dans cette grande

boutique, tout est bon marché (vêtements à partir de 6 €) et le choix est assez vaste. Un petit bonheur pour celles et ceux qui aiment les sequins, les perles, les broderies, et les tissus qui scintillent de mille feux !

⌂ GUERRISOL *Friperie*
☎ 01 45 26 13 12 ; 17 bd de Rochechouart, IXᵉ ; 🕑 10h-19h tlj sauf dim ; Ⓜ Place-de-Clichy

Ici, c'est autant de vêtements rétro, plus ou moins kitsch (selon la tendance du moment) et plus ou moins en bon état (vérifiez bien), que de jeans de marque, de chaussures, de bleus de travail, de vestes en cuir à des prix très intéressants (10 € en moyenne). Une adresse de plus en plus courue, mieux vaut donc y aller en semaine.

⌂ DAYAN TEXTILES
Vêtements et bijoux indiens
☎ 01 46 07 97 56 ; 19 rue Cail, Xᵉ ;
🕑 10h30-20h tlj sauf dim ;
Ⓜ La Chapelle

Vous voulez vous offrir un sari coloré ou scintillant, des *bindies* et des bracelets qui couvrent les trois quarts des bras ? Ce magasin devrait combler vos envies "bollywoodiennes" ! Les prix sont vraiment avantageux (saris à partir de 15 €, *bindies* – petits bijoux de peau autocollants – 1 €, bracelets 3 €) et l'accueil adorable.

QUARTIERS

MONTMARTRE ET BARBÈS

🏠 MARCHÉ DE SAINT-DENIS
Marché

Place Jean-Jaurès, Saint-Denis ;
🕑 **7h30-13h30 mar, jusqu'à 14h vendim ; M Basilique-de-Saint-Denis ou T1 Marché-de-Saint-Denis**

Il faut se rendre à Saint-Denis le dimanche pour prendre toute la mesure de l'ambiance de son vaste marché (l'un des plus grands d'Île-de-France) qui se tient pour partie dans une belle et grande halle récemment rénovée. À l'image de Paris et de sa région, c'est le monde des cinq continents que l'on rencontre ici à des prix tout à fait abordables.

🍴 SE RESTAURER

Entre les restaurants touristiques de Montmartre et ceux néobranchés des Abbesses, certains ont su rester authentiques sans forcer la note.

🍴 LE MONO *Togolais*
☎ **01 46 06 99 20 ; 40 rue Véron, XVIIIe ; plats à partir de 9 € ;** 🕑 **soir tlj sauf mer ; M Abbesses**

La cuisine togolaise, vous connaissez ? Installez-vous donc et tentez l'*azidessi* à 12 € (bœuf ou poulet sauce arachide et riz) ou le *gombo-fetri* à 14,50 € (bœuf, poisson grillé, crevettes, sauce gluante accompagné d'*akoumé*, une pâte à base de farine de maïs), ou l'un des plats végétariens comme le mafé aux épinards

(12,50 €). C'est bon et servi avec bonne humeur ! Juste pour info – et pour frimer à table –, le Mono est un fleuve africain qui traverse le Bénin et le Togo.

🍴 HALLE SAINT-PIERRE
Café-salon de thé

☎ **01 42 58 72 89 ; 2 rue Ronsard, XVIIIe ; plats à partir de 8,50 € ;** 🕑 **10h-18h tlj ; M Anvers**

Cette halle, construite dans le style Baltard, est un endroit vraiment agréable pour prendre son déjeuner, tranquillement et à peu de frais, dans une salle spacieuse et lumineuse. Les plats (à partir de 8,50 €) sont assez copieux et bien préparés (tortillas, soupes, salades). Vous pouvez aussi

Salades monstres au Relais Gascon !

simplement avoir envie de prendre un café (1,80 €) après avoir visité les expositions proposées au sein de la halle.

LE RELAIS GASCON
Français traditionnel

☎ 01 42 58 58 22 ; 6 rue des Abbesses, XVIIIe ; plats à partir de 10 €, salades à partir de 10,50 €, formule midi 9 €, menus à partir de 15,50 € ; tlj ; M Abbesses

En haut d'un escalier en bois, la salle à manger au 1er étage offre une vue plongeante sur la place Pigalle. La carte bien française comprend viandes et poissons, mais la clientèle qui se serre autour des tables communes apprécie surtout les salades gargantuesques (à partir de 10,50 €) servies dans de grands saladiers avec des lamelles de pommes de terre sautées à l'ail. La formule express du midi (9 €) comporte un plat du jour et un café. Le soir, le restaurant est pris d'assaut.

LE PETIT BUDAPEST *Hongrois*

☎ 01 46 06 10 34 ; 96 rue des Martyrs, XVIIIe ; menu 19,50 €, formules 15,50 € et 16,50 € ; soir tlj sauf lun ; M Abbesses

Une bonne surprise que ce petit restaurant (30 couverts) hongrois ! Sous le regard attentif des poupées russes posées sur les étagères et du serveur avenant, on commande avec perplexité un *paprikash* ou un menu à 19,50 € (entrée, plat, dessert). Et l'on se régale ! Les crêpes farcies

Les tables acidulées de l'Été en Pente Douce

sont un délice, la viande est tendre et épicée à souhait et les pâtes au blé, une découverte.

L'ÉTÉ EN PENTE DOUCE
Restaurant-salon de thé

☎ 01 42 64 02 67 ; 23 rue Muller, XVIIIe ; soupes à partir de 5,90 €, plats du jour 9,50 € ; tlj ; M Anvers

Quelle jolie terrasse ! Ses couleurs pétillantes attirent les touristes-photographes du monde entier, qui vous feront certainement figurer sur l'une de leurs photos-souvenirs ! Attablé face à la verdure et aux escaliers qui mènent au Sacré-Cœur, profitez de ce moment de détente pour commander un plat du jour (saumon et tagliatelles 9,50 €), une soupe (5,90 €) ou une

La jolie façade rouge de Chez Marie

grosse part de quiche-salade (9 €) tout en grignotant avec délice le pain fait maison.

CHEZ MARIE
Français traditionnel

☎ 01 42 62 06 26 ; 27 rue Gabrielle, XVIIIe ; plats à partir de 9 €, menus midi et soir à partir de 12,50 € ; ⏲ tlj ; Ⓜ Abbesses

Ce n'est pas ici que vous ferez un festin gastronomique, certes, mais si vous aimez les standards de la cuisine française (pâté de campagne, andouillette, cuisse de canard, sole meunière…), honnêtes et servis dans un décor de vieilles affiches de théâtre et de publicité par un personnel cordial, vous êtes à la bonne adresse. Le bon plan est d'arriver avant 21h30 pour profiter du menu à 12,50 €.

PARIS PETITS PRIX >134

NIOUMRÉ
Sénégalais

☎ 01 42 51 24 94 ; 7 rue des Poissonniers, XVIIIe ; plats à partir de 9 € ; ⏲ tlj sauf lun ; Ⓜ Château-Rouge

Une cuisine sénégalaise familiale et peu coûteuse (plats 9-9,50 €) : *tié bou dienne*, poulet yassa ou mafé, le tout accompagné d'un jus de *bissap*, de gingembre ou de goyave (2,30 €). En face de la mosquée, une adresse de fête les soirs de ramadan. Pas d'alcool. Seul bémol : la déco pas terrible.

AUX NÉGOCIANTS
Français traditionnel

☎ 01 46 06 15 11 ; 27 rue Lambert, XVIIIe ; plats à partir de 12 € ; ⏲ tlj sauf sam midi et dim midi ; Ⓜ Château-Rouge

Le Montmartre qu'aimait Charles Aznavour a survécu dans ce joyeux restaurant-bar à vins (verre de vin à partir de 3,80 €) à la clientèle parisienne. Ici, le terroir est à l'honneur et l'on vous servira des classiques indémodables (plats uniquement à la carte, à partir de 12 €), tels la tête de veau sauce gribiche ou le bœuf bourguignon. Pour ce qui est de la sélection des vins, "c'est le petit Jésus en culotte de velours !".

LES TROIS FRÈRES
Oriental
☎ 01 42 64 91 73 ; 14 rue Léon, XVIIIe ; plats à partir de 9,50 € ; 🕐 tlj sauf mer ; Ⓜ Château-Rouge ;

Une institution ! Sans doute le meilleur endroit pour se restaurer d'un bon couscous ou d'une viande rouge, précédés d'une petite entrée classique. Le couscous ici est royal, forcément ! Fréquenté par des amis, des voisins et des gens de bon aloi !

TIN TIN *Asiatique*
☎ 01 46 07 31 12 ; 56 rue de Torcy, XVIIIe ; menus à partir de 9,50 €, plats à partir de 6,50 € ; 🕐 tlj ; Ⓜ Marx-Dormoy

Une terrasse (en plein soleil à 13h) sur une jolie petite place, près du marché de la Chapelle. Dans les assiettes : salade de papaye verte, poisson au lait de coco ou brochettes (gambas, coquilles Saint-Jacques, bœuf…), avec riz gluant et thé au jasmin, le tout pioché dans une carte, dont les menus à la fois thaïlandais et chinois débutent à 8,90 € (midi et soir). Service indifférent.

LE PICOLO *Français*
☎ 01 40 11 11 19 ; http://lepicolo.free.fr ; 58 rue Jules-Vallès, Saint-Ouen ; plats à partir de 10 € ; 🕐 12h-16h sam-lun ; Ⓜ Porte-de-Clignancourt

Sa naissance remonte à celle des Puces, ou presque ! Avec sa grande salle aux tables en bois, son piano droit et sa belle terrasse au milieu des échoppes des Puces, Le Picolo propose une cuisine comme à la maison, abordable, copieuse et de saison (salade paysanne, blanquette, delicieux pavé de bœuf, râble de lapin à la dijonnaise, etc. Ici, on est en famille ! Pour preuve, les amis et les habitués qui côtoient les chineurs du week-end. Le soir, place aux musiciens (le week-end) et aux comédiens (en semaine).

DOMAINE DE LINTILLAC
Français traditionnel
☎ 01 48 74 84 36 ; www.lintillac-paris.com ; 54 rue Blanche, IXe ; plats à partir de 9,50 € ; 🕐 tlj sauf sam midi et dim ; Ⓜ Blanche

Voir la description du restaurant p. 169.

🍸 PRENDRE UN VERRE ET SORTIR

Profitez de l'ébullition festive qui règne le soir autour de la butte Montmartre et des prix restés modestes de certains lieux qui n'ont pas encore été touchés par la "boboïsation" montante du quartier.

🍸 LE DIVAN DU MONDE
Concerts-clubbing

☎ 01 42 52 02 46 ; www.divandumonde. com ; 75 rue des Martyrs, XVIIIᵉ ; club gratuit avant minuit certains ven et sam ; ⌚ concerts à partir de 19h-20h, club 23h-3h tlj sauf lun ; Ⓜ Pigalle ou Abbesses

Dans la salle du bas, de 19h à 23h, ont lieu les concerts (programmation éclectique allant du rock à l'électro en passant par les musiques du monde). Puis, Le Divan Japonais – dont la déco n'a rien de japonisant – prend le relais à 23h, accueillant des soirées avec DJ (entrée gratuite avant minuit certains vendredis et samedis, consultez le site Internet), accompagnés de "veejays" (vidéastes) pour illustrer les mix.

🍸 LA FOURMI
Café-bar

☎ 01 42 64 70 35 ; 74 rue des Martyrs, XVIIIᵉ ; ⌚ 8h-2h tlj, jusqu'à 4h ven-sam ; Ⓜ Abbesses

Avantageusement placée entre La Cigale et Le Divan du Monde, deux lieux de concerts, La Fourmi attire toute la jeunesse hyperbranchée de Montmartre, qui vient y refaire le monde devant une bière (à partir de 2 €). Son grand lustre orné de bouteilles et son comptoir en zinc composent un décor rétro rehaussé de toiles modernes. Vous pouvez aussi y venir déjeuner (formule plat du jour et café 9,90 €).

🍸 AU RENDEZ-VOUS DES AMIS *Café-bar*

☎ 01 46 06 01 60 ; www.rdvdesamis. com ; 23 rue Gabrielle, XVIIIᵉ ; ⌚ tlj ; Ⓜ Abbesses

Ce bar sans chichis est parfait pour se retrouver entre amis dans l'une des trois petites salles. L'atmosphère y est conviviale, les sofas moelleux, les mini-expos intéressantes, la musique sympa et, ce qui ajoute au charme des lieux, la bière est à 2,30 € au zinc ou en salle, et la grande planche de fromages à 6,50 €. Elle est pas belle la vie ?

🍸 LE CYRANO
Café-bar

☎ 01 45 22 53 34 ; www.lecyranoparis. com ; 3 rue Biot, XVIIᵉ ; ⌚ tlj sauf sam midi et dim midi ; Ⓜ Place-de-Clichy

D'entrée, c'est le cadre XIXᵉ siècle de ce bistrot, avec ses fresques et ses dorures, qui fait le plus d'effet. Après, on apprécie de

Au Divan du Monde, c'est concert presque tous les soirs

siroter une bière (2,50 € au zinc, 3 € en salle) dans son atmosphère décontractée et bon enfant. Pour les petits creux, les prix aussi sont mini (tartines chaudes à partir de 5,90 €, croque-monsieur 4 €). Situé juste à côté de L'Européen.

THÉÂTRE DE L'ŒUVRE
Théâtre
☎ 01 44 53 88 88 ; 55 rue de Clichy, IXᵉ ; mar tarif unique 20 € ; ⏱ billetterie

11h-18h lun, 11h-20h mar-sam, 11h-15h dim ; Ⓜ Place-de-Clichy
Dans ce joli théâtre, la programmation, allant des pièces populaires aux œuvres les plus contemporaines, est assez éclectique mais toujours de qualité. Profitez du tarif unique à 20 €, proposé le mardi, pour aller voir des spectacles comme *La Campagne* de Martin Crimp ou *La Vie devant soi* de Romain Gary.

>CONCORDE, CHAMPS-ÉLYSÉES ET OUEST PARISIEN

Avenue des Champs-Élysées, rue de la Paix, rue du Faubourg-Saint-Honoré… vous voilà au cœur des rues les plus chères du Monopoly® ! Dans ce secteur ultraprivilégié, où les immeubles élégants et les hôtels de luxe côtoient les boutiques de grands couturiers et les restaurants chics, on imagine mal pouvoir trouver des endroits à prix abordables. Pourtant, c'est le cas. Vous pourrez voir, sans avoir à débourser un centime, les collections permanentes de grands musées comme le Petit Palais, le musée d'Art moderne ou encore le musée Cernuschi. Vous pourrez aussi faire du shopping d'accessoires griffés tout en réalisant quelques belles économies, en profitant notamment des magasins de stocks. Quant aux sorties, sachez que vous pourrez vous attabler tranquillement, dans des rues cotées et élégantes, et savourer votre repas sans craindre la "douloureuse" ! Dans ce quartier, de bonnes affaires vous attendent : soyez audacieux, n'attendez pas d'arriver sur la case "chance" pour flâner dans le secteur !

CONCORDE, CHAMPS-ÉLYSÉES ET OUEST PARISIEN

SE CULTIVER
Espace culturel
  Louis Vuitton 1 D3
Maison de Balzac...........2 B5
Musée Cernuschi 3 D1
Musée d'Art
  moderne de la Ville
  de Paris 4 D4
Musée Guimet
  des arts asiatiques.....5 C4
Palais de Chaillot-Cité
  de l'architecture
  et du patrimoine........6 C4
Palais de Tokyo.............7 D4
Panthéon bouddhique
  du Japon
  et de la Chine 8 D3
Petit Palais –
  Musée des Beaux-Arts
  de la Ville de Paris......9 F4

SHOPPING
Boutique des orphelins
  apprentis d'Auteuil....10 A6
Hermine
  de Pashmina 11 A5
KB Stock....................12 B5
L'Occaserie 14 B4
L'Occaserie 15 B5
L'Occaserie 16 B5
Louis Vuitton ....(voir 1)
Toto 17 G3
Toto 18 B5
Toto 19 B5
Uniqlo 20 A1

SE RESTAURER
Chez Tran..................21 B6
Cojean......................22 D2
Cojean......................23 F2
Cojean......................24 E2
Cojean......................25 D3
La Crypte Polska.........26 G3
Le Bistrot
  da Bastiano 27 B6
Le Chalet du 8ᵉ 28 E2
Lescure 30 G3
Honest Lawyer...........31 C3
Olsen ....(voir 28)
Aubrac Corner............37 E3

PRENDRE UN VERRE ET SORTIR
Le Baron 32 D4
Le Régine..................33 E3
Maison de Radio
  France 34 B6
Petit Palais
  (auditorium)........(voir 9)
Salle Pleyel...............35 D2
Théâtre des Abbesses ..36 H1

Voir carte page suivante

⦿ SE CULTIVER

Visiter de grands musées parisiens sans bourse délier n'est pas mission impossible. Certains ont des collections permanentes gratuites, pour d'autres il vous suffit de choisir le bon jour !

⦿ PALAIS DE CHAILLOT – CITÉ DE L'ARCHITECTURE ET DU PATRIMOINE

☎ 01 58 51 52 00 ; www.citechaillot.fr ; 1 place du Trocadéro, XVIᵉ ; 🕓 11h-19h tlj sauf mar, nocturne jeu jusqu'à 21h ; tarif plein/réduit 8/5 €, gratuit 1ᵉʳ dim du mois ; Ⓜ Trocadéro ; ⦿

Installée dans le palais de Chaillot, la Cité de l'Architecture et du Patrimoine présente, dans ses collections permanentes accessibles librement le premier dimanche de chaque mois, une vue d'ensemble de l'architecture et du patrimoine du Moyen Âge à nos jours. Vous aurez un bel aperçu des richesses de notre territoire en visitant la galerie des moulages, avec ses relevés grandeur nature de quelques-uns des plus beaux monuments, la galerie d'architecture moderne et contemporaine (de 1851 à nos jours) et la galerie des peintures murales et des vitraux.

⦿ MUSÉE D'ART MODERNE DE LA VILLE DE PARIS

☎ 01 53 67 40 00 ; www.mam.paris.fr ; 11 av. du Président-Wilson, XVIᵉ ;

L'entrée monumentale du musée d'Art moderne

entrée libre sauf pendant expositions temporaires ; 🕓 10h-18h tlj sauf lun, nocturne jeu jusqu'à 22h ; Ⓜ Iéna ; ⦿

Logé dans le pavillon de l'Électricité de l'Exposition universelle de 1937, ce musée en accès libre couvre à peu près tous les grands mouvements artistiques du XXᵉ et de ce début du XXIᵉ siècle : fauvisme, cubisme, dadaïsme, surréalisme et abstraction, représentés par des artistes tels que Picasso, Braque, Soutine, Modigliani, Chagall. On peut y voir le célèbre tableau de Gromaire, *La Guerre* (1925), et *La Fée Électricité* (1937) de Raoul Dufy, le plus grand (624 m²) tableau du monde à l'époque.

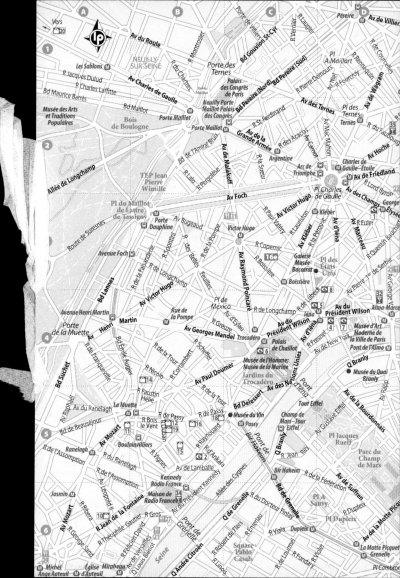

● PALAIS DE TOKYO

☎ 01 47 23 38 86, restaurant 01 47 20 00 29 ; www.palaisdetokyo.com ; 13 av. du Président-Wilson, XVIe ; tarif plein/réduit 6/4,50 €, entrée musée + plat du jour + café 15 € (le midi) ; ⏰ 12h-minuit tlj sauf lun ; Ⓜ Iéna ; ♿

Créé pour l'Exposition universelle de 1937, le palais de Tokyo est devenu un espace d'art contemporain en 2002 et l'unique musée parisien à rester ouvert jusqu'à minuit. Il n'y a pas de collection permanente, mais l'intérieur évidé en béton et acier accueille des expositions temporaires. La formule proposée le midi par le restaurant, Tokyo Eat, comprend un plat du jour, un café, et une entrée au musée sur présentation de l'addition, le tout pour 15 € – vous pouvez manger avant ou après la visite (se présenter au restaurant) !

● MAISON DE BALZAC

☎ 01 55 74 41 80 ; www.balzac.paris.fr ; 47 rue Raynouard, XVIe ; entrée libre sauf expositions temporaires payantes ; ⏰ 10h-18h tlj sauf lun ; Ⓜ Passy ou RER C Kennedy-Radio-France

Les amoureux du prolifique romancier Honoré de Balzac (1799-1850) seront fascinés par sa petite maison, où il travailla de 1840 à 1847, et que l'on peut visiter gratuitement. Vous y verrez son cabinet de travail, partiellement reconstitué, où il

Les trésors cachés de la maison de Balzac

rédigea, notamment, *Splendeurs et misères des courtisanes* et *La Cousine Bette* à raison de 18 heures par jour, soutenu par des "torrents" de café !

● MUSÉE GUIMET DES ARTS ASIATIQUES

☎ 01 56 52 53 00 ; www.museeguimet. fr ; 6 place d'Iéna, XVIe ; entrée 7,50/5,50 €, gratuit 1er dim du mois, Panthéon bouddhique et jardin japonais gratuits ; ⏰ musée 10h-18h mer-lun, jardin japonais 13h-17h mer-lun ; Ⓜ Iéna ; ♿

Premier en France dans son domaine, le musée Guimet possède de magnifiques collections venant d'Afghanistan, d'Inde, du Népal, du Pakistan, du Tibet, de Chine, du Cambodge, du Japon et de Corée, dont on peut profiter en toute gratuité le premier dimanche du mois. L'art bouddhique est exposé en accès libre dans l'annexe voisine, au **Panthéon bouddhique du Japon et de la Chine** (19 av. léna ; 🕙 9h45-17h45 mer-lun), complété d'un paisible jardin japonais où l'on peut méditer à sa guise.

🅒 PETIT PALAIS – MUSÉE DES BEAUX-ARTS DE LA VILLE DE PARIS

☎ 01 53 43 40 00 ; www.petitpalais. paris.fr ; av. Winston-Churchill, VIIIᵉ ; entrée libre sauf pendant expositions temporaires ; 🕙 10h-18h tlj sauf lun, expositions temporaires nocturne jeu jusqu'à 20h ; Ⓜ Champs-Elysées-Clemenceau ou Concorde

Construit pour l'Exposition universelle de 1900, et devenu musée des Beaux-Arts deux ans plus tard, le Petit Palais rassemble des œuvres (peintures, sculptures, mobilier, objets d'art, arts graphiques) allant de l'Antiquité au début du XXᵉ siècle. Les collections permanentes exceptionnelles, gratuites, vous permettront d'admirer, entre autres, le sublime *Portrait de l'artiste en costume oriental* (1631) de Rembrandt, le cratère antique *Héraclès au jardin des Hespérides* (vers 360 av. J.-C.), *Les Trois Baigneuses* (1879-1882) de Cézanne, le buste de *Voltaire* (XVIIIᵉ siècle) par Houdon ou encore *Les Demoiselles du bord de la Seine* (1856) de Courbet.

Le Petit Palais et son agréable jardin

☉ MUSÉE CERNUSCHI

☎ 01 53 96 21 50 ; www.cernuschi.paris.fr ; 7 av. Vélasquez, VIIIᵉ ; entrée libre sauf pendant expositions temporaires ; ⏱ 10h-18h tlj sauf lun ; Ⓜ Villiers ou Monceau ; ♿

Plus modeste que Guimet, ce musée des arts de l'Asie, en accès libre, possède de belles œuvres d'art chinoises (sculptures, céramiques, peintures, bronzes), allant de l'époque archaïque au XIIIᵉ siècle, et des collections d'art japonais et coréen. L'une des pièces majeures est le grand *Bouddha de Meguro*, un bronze japonais du XVIIIᵉ siècle de plus de 4 mètres de haut. Ne manquez pas non plus les magnifiques peintures chinoises de l'école de Liang Kai (XIIIᵉ siècle), d'une infinie délicatesse.

☉ ESPACE CULTUREL LOUIS VUITTON

☎ 01 53 57 52 03 ; www.louisvuitton.com ; 60 rue Bassano ou par la boutique 101 av. des Champs-Élysées, VIIIᵉ ; entrée libre ; ⏱ 12h-19h lun-sam, à partir de 11h dim ; Ⓜ George-V ; ♿

Pour visiter l'espace culturel Louis Vuitton, qui propose chaque année trois expositions thématiques gratuites en lien avec l'univers de la marque – et offre une belle vue sur Paris depuis le 7ᵉ étage –, un conseil, passez par la boutique ! L'architecture intérieure, signée Peter Marino, se joue superbement des codes Art déco. Un bel écrin aux créations de Marc Jacobs, directeur artistique de Vuitton.

🛍 SHOPPING

Heureux les dénicheurs de bonnes affaires ! Oubliez donc l'avenue Montaigne, et partez à la découverte de quelques perles rares, en plein cœur du très chic XVIᵉ arrondissement.

🛍 TOTO *Tissus*

☎ 01 42 66 67 69 ; http://toto.fr ; 7 place de la Madeleine, VIIIᵉ ; ⏱ 10h-19h tlj sauf dim ; Ⓜ Madeleine

Cette boutique, dont l'aspect tranche radicalement avec les vitrines luxueuses du quartier, vend des tissus au mètre à des prix défiant toute concurrence. Vous y trouverez aussi quelques vêtements, du linge de maison et divers accessoires de décoration eux aussi à prix modiques. Autres adresses aux 1 rue de Passy et 14 rue Duban dans le XVIᵉ.

🛍 KB STOCK
Dégriffé multimarque

☎ 01 42 88 34 85 ; 2, 10,11 et 16 rue Duban, XVIᵉ ; ⏱ 10h-14h et 15h-19h tlj sauf dim ; Ⓜ La Muette ou Passy

Dans la rue Duban, KB Stock propose, selon les boutiques, des vêtements dégriffés pour hommes, femmes et enfants mais aussi de la lingerie et des sous-vêtements, de la

Devanture acidulée d'Hermine de Pashmina

maroquinerie et des chaussures. Les rabais vont de 50 à 75 % sur le prix initial et vous trouverez des marques comme Petit Bateau, Maje, Mugler, Calvin Klein, etc. De bonnes affaires vous attendent !

HERMINE DE PASHMINA
Cachemires

☎ 01 45 24 02 64 ; www.hermine-de-pashmina.fr ; 13 av. Mozart, XVIe ; 🕙 14h-19h lun, 10h-19h mar-sam ; Ⓜ La Muette

Voir la description du magasin p. 31.

BOUTIQUE DES ORPHELINS APPRENTIS D'AUTEUIL
Vêtements de seconde main

☎ 01 44 14 76 79 ; www.fondation-auteuil.org ; 40 rue Jean-de-La-Fontaine, XVIe ; 🕙 14h30-18h tlj sauf lun ; Ⓜ Jasmin

Vous pouvez en même temps faire une bonne action et vous faire plaisir à moindres frais en allant à la boutique de la Fondation des orphelins apprentis d'Auteuil. Lorsque vous achetez un article, vendu en bon état et bien souvent griffé (jupes entre 4 et 6 €, sacs de grandes marques entre 4 et 30 €, vestes hommes ou femmes à 12,50 €, livres neufs à 2 €, etc.), l'argent est reversé à la Fondation. Linge de maison, bibelots, et jouets également. Paiement par CB accepté.

L'OCCASERIE
Dépôt-vente

☎ 01 45 03 16 56 ; www.occaserie.com ; 30 rue de la Pompe, XVIe ; 🕙 11h-19h tlj sauf lun ; Ⓜ La Muette

Vous souhaitez absolument vous procurer un sac Dior, une jupe ou un pantalon signés d'un grand nom de la mode, une paire de ballerines Chanel ou un portefeuille Montblanc, le tout sans avoir à payer le prix fort ? Rendez-vous à L'Occaserie, un dépôt-vente où les articles de luxe de seconde main sont vendus en parfait état. Fouinez, essayez, et si vous ne trouvez pas votre taille, vous serez certainement tenté(e) par un bijou ou un foulard. Autres adresses aux 21 rue de l'Annonciation et 14 rue Jean-Bologne dans le XVIᵉ.

UNIQLO *Prêt-à-porter japonais*
☎ 01 49 67 01 90 ; www.uniqlo.com ; **centre commercial Les Quatre Temps, niveau 1, 15 parvis de la Défense ;** 🕒 **10h-20h tlj sauf dim ;** Ⓜ **La Défense**
Prix serrés et qualité : ce magasin de vêtements de prêt à porter "made in Japan" propose des basiques unisexes indispensables dans toutes les nuances de l'arc-en-ciel ! T-shirts pur coton (à partir de 8 €), jeans (à partir de 25 €), mais aussi sweat-shirts (à partir de 12 €), gilets (15 €) et divers accessoires. Autre boutique à Opéra (voir p.32).

🍴 SE RESTAURER
Pas facile de trouver une bonne adresse pour grignoter après une exposition au Petit Palais ! Il suffit souvent de s'écarter des grandes avenues pour dénicher quelques bons plans.

🍴 LA CRYPTE POLSKA *Polonais*
☎ **01 42 60 43 33 ; 263 bis rue Saint-Honoré, accès place Maurice-Barrès, Iᵉʳ ; soupes 7 €, salades 9,50 €, plats 12-20,50 €, menus à partir de 14 € ;** 🕒 **tlj sauf dim soir et lun ;** Ⓜ **Concorde**
À deux pas de la très chic maison Chanel, un restaurant très discret et bon marché se dissimule… dans la crypte datant du XVIIᵉ siècle de l'église Notre-Dame-de-l'Assomption dévolue aux Polonais de Paris ! Dans ce cadre insolite, vous pourrez déguster notamment un bouillon de betteraves, des *pierogi* grillés à la viande, des blinis et du caviar d'aubergine ou de la choucroute. Menu à 14 € le midi, formule avantageuse également le soir.

🍴 LESCURE
Français traditionnel
☎ **01 42 60 18 91 ; 7 rue de Mondovi, Iᵉʳ ; menu 23,50 €, plats 13-20 € ;** 🕒 **tlj sauf sam et dim ;** Ⓜ **Concorde**
Juste à côté de la place de la Concorde et du célèbre hôtel Crillon, voici un petit restaurant qui n'a pas bougé depuis 1919, avec son décor rustique et ses sympathiques serveurs gouailleurs. On y sert une solide cuisine traditionnelle (célèbre pot-au-feu, maquereau frais en marinade, poule au riz sauce basquaise, crème caramel).

L'entrée mystérieuse de La Crypte Polska

Le menu à 23,50 €, servi midi et soir, est d'un très bon rapport qualité/prix.

🍴 COJEAN *Sandwicherie chic*
☎ 01 45 61 07 33 ; www.cojean.fr ; 25 rue Washington, VIIIᵉ ; sandwichs 2,80-6,50 €, plats à partir de 8,70 €, jus 3-4,50 € ; 🕐 10h-16h tlj sauf sam et dim ; Ⓜ George-V

Voici une bonne adresse pour déjeuner en semaine de sandwichs (baguette, *wraps*, toasts), de salades (3,20-6,80 €), de soupes (chaudes ou froides selon la saison ; 3,90-4,90 €) et de jus de fruits frais (3-4,50 €), le tout dans un cadre *healthy* à la déco bleutée et épurée. Accès Wi-Fi et presse à disposition. Autres adresses aux 64 rue des Mathurins, 32 rue Monceau et 19 rue Clément-Marot dans le VIIIᵉ.

🍴 HONEST LAWYER
Restaurant-bar
☎ 01 45 05 14 23 ; www.honest-lawyer. com ; 176 rue de la Pompe, XVIᵉ ; plats à partir de 10 € ; 🕐 tlj sauf dim ; Ⓜ Victor-Hugo

Ce restaurant-bar à la décoration façon pub bon teint (du bois et encore du bois !), est un bon spot pour un déjeuner pas cher rue de la Pompe. Les clients (dont un certain nombre d'habitués) viennent en nombre pour les plats (à partir de 10 €) bien cuisinés (pavé de saumon au piment d'Espelette, confit de canard maison, "honest burger"), également proposés en formule pour le déjeuner (plat et café 13,50 €). Et si vous avez juste une petite soif, sachez que le demi est à 2,50 € au comptoir. Bon accueil.

🍴 OLSEN *Scandinave*
☎ 01 45 62 62 28 ; www.olsen.fr ; 6 rue du Commandant-Rivière, VIIIᵉ ; assiettes composées à partir de 13 €, menu 16,50 € ; 🕐 9h-19h30 lun-ven, 10h-19h sam ; Ⓜ Saint-Philippe-du-Roule

Cet antre de la cuisine scandinave accueille la clientèle dans un lieu où le bois blond domine. Le menu du déjeuner, avantageux (plat, dessert maison et café 16,50 €), vous fera découvrir des produits

Vitrine appétissante d'Olsen (p. 147)

de qualité (la maison fait aussi épicerie). Testez le vrai tarama, le saumon fumé de façon artisanale et la viande de renne ! Un bon rapport qualité/prix.

LE CHALET DU 8e *Crêperie*

☎ 01 45 61 18 10 ; 8 rue du Commandant-Rivière, VIIIe ; **crêpes à partir de 4 €, galettes à partir de 6,50 €, formule 12,90 € ;** tlj sauf dim ; Ⓜ Saint-Philippe-du-Roule

Un décor de chalet mignon et cosy, des crêpes bien bonnes à des prix tout doux, voilà ce que propose cet établissement sympathique à deux pas des Champs-Élysées. Les galettes (à partir de 6,50 €) sont cuites comme il faut et bien garnies. Au dessert, notre cœur balance

entre la crêpe au chocolat (4 €) et celle à la crème de marron (5,50 €). La formule du déjeuner à 12,90 € comprend une galette complète, une crêpe et une bolée de cidre. Le propriétaire possède un autre restaurant juste en face, L'Atelier du 8e, où l'on peut manger… des pizzas (10,50-11,50 €) !

CHEZ TRAN *Chinois*

☎ 01 42 88 32 72 ; 11 av. de Versailles, XVIe ; **menus à partir de 10,60 €, plats à partir de 7,50 € ;** tlj sauf sam midi ; Ⓜ Mirabeau

Une devanture modeste, une salle tout à fait commune… et des clients qui se pressent dans ce restaurant chinois où la cuisine est bien faite et très bon marché. Car ici, les mets classiques comme le poulet à la citronnelle, le canard laqué, le riz cantonais et les nems ont une saveur que l'on redécouvre ! Le menu à 10,60 € servi le midi (du lundi au vendredi) est une excellente affaire.

🍴 AUBRAC CORNER
Sandwicherie-traiteur

☎ 01 45 61 45 35 ; www.aubrac-corner.com ; 37 rue Marbeuf, VIIIᵉ ; formule "froide" 9,60 €, formule "Aubrac" 13,60 € ; ⏰ 8h-20h lun-ven ; Ⓜ Franklin-D.-Roosevelt

Qu'on se le dise ! Rue Marbeuf, vous trouverez de bons produits de l'Aubrac, à emporter ou à déguster sur place autour de tables hautes, chez ce traiteur qui propose une formule à 9,60 € (sandwich ou salade, dessert et boisson) et une autre à 13,60 € (burger Royal Aubrac, un bol d'aligot et un verre de vin). Les jus de fruits frais sont à 2,80 €, et à l'ardoise, des petits plats à partir de 5 €. Essayez le gratin de pommes de terre au saint-nectaire (5,50 €), vous ne le regretterez pas !

🍴 LE BISTRO DA BASTIANO
Italien

☎ 01 42 88 97 46 ; 5/7 rue Gros, XVIᵉ ; plats à partir de 9 € ; ⏰ tlj sauf sam midi et dim ; Ⓜ Mirabeau

Juste à côté de la Maison de Radio France, ce petit bistrot sert une cuisine aux accents transalpins bien agréables. Les plats (à partir de 9,50 €), des classiques de la gastronomie italienne – la *pasta* bien sûr ! – sont servis dans une atmosphère animée. Petite terrasse prise d'assaut aux beaux jours.

🍸 PRENDRE UN VERRE ET SORTIR

🍸 LE BARON *Clubbing*

☎ 01 47 20 04 01 ; www.clublebaron.com ; 6 av. Marceau, VIIIᵉ ; entrée libre ; ⏰ tlj 22h-5h ; Ⓜ Alma-Marceau

Cette ancienne maison close est devenue le club le plus en vogue du moment, fréquenté par tout ce que

L'ardoise du Bistro da Bastiano

CONCERTS GRATUITS

Voici une bonne occasion de voir des artistes célèbres ou moins connus en live. La **Maison de Radio France** (☎ 01 56 40 15 16 ; www.radiofrance.fr ; 116 av. du Président-Kennedy, XVIᵉ ; Ⓜ Mirabeau ou RER C Kennedy-Radio-France) propose des concerts gratuits accessibles à tous (réservation préalable). Vous pourrez ainsi assister à des concerts de musique classique, de jazz, de musiques du monde, dans l'un des studios de la radio (voir le site pour les dates et les horaires), mais aussi dans l'auditorium du Petit Palais (av. Winston-Churchill, VIIIᵉ) et au théâtre des Abbesses (31 rue des Abbesses, XVIIIᵉ). **FIP** (105.1), autre radio de Radio France, organise des concerts gratuits au moins une fois par mois. Du même groupe, **France Inter** (87.8) vous invite à l'enregistrement de son émission "Le pont des artistes" où se produisent chanteurs et musiciens français et étrangers. Pour tous ces concerts, il vous faudra retirer vos places au 116 avenue du Président-Kennedy.

Paris compte de célébrités. Sélection drastique à l'entrée. Tâchez d'avoir l'air d'une star !

Ⓨ LE RÉGINE *Clubbing*
☎ 01 43 59 21 13 ; www.leregine.com ; **49 rue de Ponthieu, VIIIᵉ ; soirées gratuites selon programmation ;** 🕙 **23h à l'aube mer-dim ;** Ⓜ **Franklin-D.-Roosevelt**
Le club mythique créé par la reine des nuits parisiennes, Régine, a été repris, mais a conservé son look des années 1970. DJ "from New York", concerts, soirée mensuelle le mercredi à 1 €, et soirée gratuites selon programmation (voir le site Internet).

Ⓨ SALLE PLEYEL *Concerts*
☎ 01 42 56 13 13 ; www.sallepleyel.fr ; **252 rue du Faubourg-Saint-Honoré, VIIIᵉ ; billets à partir de 10 € ;** 🕙 **billetterie 10h-19h lun-sam, 2h avant concert dim ;** Ⓜ **Charles-de-Gaulle-Étoile ou Ternes**
Cette célèbre salle, qui a accueilli des artistes de légende, comme Louis Armstrong ou Ella Fitzgerald, offre des places à partir de 10 € (quelques sièges au premier et au second balcons, et aux derniers rangs de l'orchestre) pour aller écouter, entre autres, la grande pianiste argentine Martha Argerich.

> XIIIᵉ ARRONDISSEMENT, BERCY ET IVRY

Le sud-est de la capitale, à la fois populaire et résidentiel, a un charme décontracté qui a su s'adapter tranquillement aux tendances parisiennes : profitez-en car les prix sont encore très raisonnables. Longtemps mal-aimé, peut-être à cause de son passé industriel, ou des fameuses tours, construites à la fin des années 1960, qui détonnaient par rapport à l'image d'une ville au look plus haussmannien, c'est l'un des secteurs les plus dynamiques et les plus métissés de Paris, représenté essentiellement pour beaucoup par le célèbre quartier "Chinatown" où l'on trouve de bonnes adresses de restaurants très bon marché. De son passé ouvrier, le secteur a gardé d'anciens lotissements, comme ceux, par exemple, qui bordent la place de l'Abbé-Georges-Hénocque, et a mis en valeur des quartiers authentiques comme celui de la Butte-aux-Cailles, où viennent souvent s'amuser, à moindres frais, les étudiants des écoles d'arts graphiques (Estienne, Corvisart). Depuis les années 1990, que ce soit du côté de Bercy ou de la BNF, de nouveaux quartiers ont pris forme, dans lesquels commerces et lieux de sortie ont réussi, petit à petit, à se faire une place malgré la fermeture de certains espaces culturels. Pas encore devenu snob ni trop branché, le sud-est de la capitale est en devenir et, pour le moment, on peut encore s'y restaurer et faire la java sans vider complètement son porte-monnaie !

XIIIᵉ ARRONDISSEMENT, BERCY ET IVRY

● SE CULTIVER

🏠 SHOPPING

🍴 SE RESTAURER

Ⓨ PRENDRE UN VERRE ET SORTIR

Voir carte page suivante

⊙ SE CULTIVER

Même si le secteur s'est un peu affaibli en matière culturelle depuis quelques années – des théâtres et des cinémas ont en effet mis la clef sous la porte –, tout est fait pour enrayer ce phénomène et certains lieux sont en accès libre.

⊙ MANUFACTURES NATIONALES DES GOBELINS-MOBILIER NATIONAL

☎ 01 44 08 53 59 ; www.mobiliernational. culture.gouv.fr ; 42 av. des Gobelins, XIIIᵉ ; Galerie tarif plein/réduit 6/4 €, gratuit dernier dim du mois ; 🕙 11h-18h mar-dim ; Ⓜ Gobelins ou Place-d'Italie
Dans les superbes bâtiments des Manufactures des Gobelins, qui pour la plupart datent du XVIIᵉ siècle, vous aurez le loisir d'admirer de superbes tapisseries et tapis anciens provenant, entre autres, du fonds royal d'Henri IV et de Louis XIV. La collection, l'une des plus riches du monde, présente aussi ces pièces, et d'autres issues de fonds étrangers (conservées dans les palais royaux d'Espagne par exemple), lors d'expositions thématiques fort intéressantes (profitez de la visite gratuite le dernier dimanche du mois).

⊙ CRÉDAC

☎ 01 49 60 25 06 ; www.credac.fr ; 93 av. Georges-Gosnat, Ivry-sur-Seine ; entrée libre ; 🕙 14h-18h mar-ven,

Poussez la porte du Crédac

jusqu'à 19h sam-dim ; Ⓜ Mairie-d'Ivry ou RER C Ivry-sur-Seine
Ce lieu dévolu à l'art contemporain fait preuve d'une belle et audacieuse programmation (on a pu y voir des œuvres de Yan Pei-Ming, de Gina Pane ou de Gabriel Orozco, pour ne citer qu'eux), ne s'interdisant aucun champ d'exploration, et avec un souci constant de dialogue avec le public. À ne pas manquer donc.

⊙ ESCURIAL PANORAMA

☎ 01 47 07 28 04 ; 11 bd de Port-Royal, XIIIᵉ ; 5,90 € avant midi ; 🕙 tlj ; Ⓜ Gobelins
Ce cinéma d'art et d'essai, le seul du XIIIᵉ arrondissement et l'un des

PLEIN LES YEUX POUR PAS UN ROND !

Chez **Tang Frères** (☎ 01 45 70 80 00 ; 44-48 av. d'Ivry, XIIIᵉ ; supermarché et marché 9h-19h30 mar-ven, 8h30-19h sam ; M Porte-d'Ivry) vous êtes au cœur du shopping asiatique. Ce supermarché, qui propose des produits allant de l'épicerie aux produits frais et surgelés (poissons, viandes, fruits et légumes que l'on a du mal à trouver ailleurs), est un lieu de ravitaillement très fréquenté. Si vous cherchez un bocal de feuilles de tamarin, de la bière thaïlandaise, des nouilles japonaises, des algues séchées pour préparer vos sushis à la maison, des bonbons au gingembre, des gâteaux à la crème de soja et à la banane ou du riz thaïlandais par sac de 5 kg, vous êtes au bon endroit. Certes les prix, dans ce festival de produits exotiques – certains sont d'ailleurs très intrigants ! –, ne sont pas forcément moins chers que dans un autre supermarché parisien, mais vous ferez, en revanche, des affaires au rayon des ustensiles de cuisine (*rice cookers*, vaisselle, etc.), à celui de la décoration (orientale) et au petit rayon des plantes (à l'entrée, côté droit). On trouve aussi des plats préparés à emporter. Même si vous n'y faites pas vos emplettes, ce lieu est tellement insolite qu'il serait dommage de ne pas y jouer les curieux. L'entrée se fait par la galerie des Olympiades ou juste à côté, par le parking sur la gauche.

plus anciens de la capitale (il a été inauguré au début du XXᵉ siècle), a conservé son charmant décor des années 1940, servi par du velours rouge et des photos d'acteurs signées du studio Harcourt. Les dernières sorties comme les rediffusions y sont programmées. Tous les jours, la place coûte 5,90 € avant midi.

SHOPPING

Il est vrai que dans le quartier, le shopping se fait essentiellement dans des galeries marchandes (comme dans le centre commercial Italie 2 par exemple), mais il existe quand même des boutiques où l'on peut faire de bonnes affaires.

STOCK ANDRÉ
Stock chaussures

☎ 01 55 43 05 74 ; 31 av. des Gobelins, XIIIᵉ ; 🕐 10h-19h lun-sam ; Ⓜ Gobelins

Ce magasin vend les modèles des précédentes saisons de l'enseigne, à des prix mini (jusqu'à 50 % de réduction, voire plus, sur le prix d'origine). On y trouve une bonne sélection de modèles (hommes, femmes, enfants) dans de nombreuses tailles, ainsi que quelques accessoires et des chaussures de sport de marques célèbres. Au rayon enfants, vous ferez de vraies économies.

FAIRY
Linge de maison

☎ 01 47 07 13 64 ; 28 av. des Gobelins, XIIIᵉ ; 🕐 10h30-12h30 et 14h30-19h lun-sam ; Ⓜ Gobelins

N'hésitez pas à venir fouiller dans cette petite caverne d'Ali Baba où l'on trouve, du sol au plafond, du linge de maison de marque vendu à des prix très intéressants. Les housses de couettes, les draps

en percale, les peignoirs et les serviettes de bain remplissent les étagères et les bacs. Des housses de couettes 200x200 cm à partir de 25 €, une paire de taies d'oreillers Kenzo à 15 €… à vous de trouver votre bonne affaire !

SE RESTAURER

C'est avant tout entre l'avenue d'Ivry et l'avenue de Choisy que se sont établis les nombreux restaurants asiatiques qui ont su garder la mesure en matière de prix sans renier la qualité. Quant au quartier de la Butte-aux-Cailles, on y trouve des adresses sympathiques et très abordables.

CHEZ GLADINES
Sud-Ouest/Basque

☎ 01 45 80 70 10 ; 30 rue des Cinq-Diamants, XIIIᵉ ; plats 6,50-10 €, plat du jour 8 € ; 🕐 tlj ; Ⓜ Place-d'Italie ou Corvisart

Voici LE petit bistrot "parigot" de la Butte-aux-Cailles, avec ses nappes à carreaux et son look décontracté. Vous pouvez prendre un verre au zinc avec les habitués du quartier, en attendant de pouvoir manger de copieux plats du Sud-Ouest. Le plat du jour est à 8 € (cassoulet par exemple), le poulet basquaise à 10 €, l'omelette basque à 8,50 €, et l'assiette de pommes de terre au bleu à 6,50 €. Les salades (6,30-9,80 €), servies dans de grands saladiers, mettent au défi les plus grands appétits ! Pensez à téléphoner avant de passer (ou venez tôt), car le restaurant est souvent complet. Pas de CB.

🍽 LE TEMPS DES CERISES
Français traditionnel

☎ 01 45 89 69 48 ; 18 rue de la Butte-aux-Cailles, XIIIᵉ ; formules à partir de 10 € le midi, à partir de 15 € le soir ; 🕒 midi lun-ven, soir lun-sam ; Ⓜ Place-d'Italie ou Corvisart

Géré en coopérative ouvrière depuis trois décennies, Le Temps des Cerises – dont le nom est le titre d'une célèbre chanson de la Commune – est une autre adresse bon marché de la Butte-aux-Cailles. Malgré un soupçon de "boboïtude", l'ambiance du restaurant est restée bon enfant et la cuisine, traditionnelle, savoureuse. La formule du midi à 10 € (entrée et plat, ou plat et dessert) ou le plat du jour à partir de 7,50 € ont toujours le même succès.

🍽 CAFÉ LOMA *Espagnol/Tapas*

☎ 01 45 80 01 85 ; 60 rue Gérard, XIIIᵉ ; menus à partir de 11 €, plat du jour 8 € ; 🕒 tlj sauf sam midi et lun ; Ⓜ Place-d'Italie ou Corvisart

Un peu essoulé par rapport à l'ani-mation de la rue des Cinq-Diamants, le café Loma propose des tapas, des assiettes composées (fromage, charcuterie) et des menus

(tapas et plat du jour 11 € midi et soir) dans une salle avenante décorée de panneaux de publicités espagnoles, et suffisamment spacieuse pour accueillir sans problème les bandes de copains et les familles nombreuses.

🍽 LA TOURAINE
Français traditionnel

☎ 01 47 07 69 35 ; 39 rue Croulebarbe, XIIIᵉ ; menus à partir de 13 € ; 🕒 tlj sauf dim ; Ⓜ Place-d'Italie ou Corvisart

C'est un authentique petit coin de province, avec poutres apparentes, buffet rustique et tables nappées de blanc, qui vous accueille une fois franchi le seuil de ce restaurant. Les bons plats traditionnels (museau vinaigrette, terrine maison, tête de veau sauce ravigote, etc.) figurent au menu à 13 €, servi midi et soir et comprenant un quart de vin. Jolie petite terrasse.

🍽 MONTE CASSINO *Italien*

☎ 01 43 31 05 10 ; 76 av. des Gobelins, XIIIᵉ ; formule midi et soir à partir de 12 €, pizzas à partir de 7,40 € ; 🕒 tlj ; Ⓜ Place-d'Italie

Dans ce sympathique restaurant qui résonne d'accents italiens (les serveurs sont volubiles !), le pizzaïolo s'empresse de cuire les bonnes pizzas classiques que la clientèle, nombreuse, mange de bon appétit dans une grande salle souvent baignée de soleil. Le bon

🍴 **Cathy Mounie,**
Responsable jour au restaurant Gladines, 30 rue des Cinq-Diamants, XIIIᵉ

Dans le quartier, vous êtes parmi les restaurants les moins chers : comment faites-vous pour garder ce bon rapport qualité/prix ? Avant tout, c'est une sorte de tradition ici. Il y a toujours eu des endroits dans le quartier où l'on mangeait bien et pour pas cher. Et puis, nous, on y tient. **Quelle est l'histoire de l'établissement ?** Ce lieu est devenu un restaurant au tout début des années 1980. Auparavant c'était un bougnat (marchand de charbon), tenu par une Auvergnate, madame Gladines. C'était le rendez-vous des femmes du coin, qui venaient boire un petit blanc avant de faire le marché rue Mouffetard. Son mari est toujours vivant, il a 95 ans et est ravi de voir que le lieu porte encore le nom de sa femme. On a voulu conserver cet esprit convivial et familial. **Votre secret ?** Comme nous sommes ouverts tous les jours et que l'on sert jusqu'à assez tard, il y a toujours du monde, ça tourne bien, ce qui nous permet de pratiquer des prix serrés pour des plats suffisamment généreux. Ici, on sert le café à 1,20 € à table, par exemple, et, chose importante, on ne fait pas des marges énormes sur les vins. **Vos restaurants préférés et bon marché dans le coin ?** Le Vieux Cèdre, rue Blainville, parce que c'est super-bon et qu'ils sont adorables, le Kootchi, un régal afghan, Pho 14 et Chez Mamane, en face de chez nous, qui fait de délicieux couscous.

Au Vieux Cèdre : 01 46 34 55 67 ; 2 rue Blainville, Vᵉ (voir p. 119)
Kootchi : 01 44 07 20 56 ; 40 rue Cardinal-Lemoine, Vᵉ (voir p. 118)
Pho 14 : 01 45 83 61 15 ; 129 av. de Choisy, XIIIᵉ (voir p. 158)
Chez Mamane : 01 45 89 58 87 ; 23 rue des Cinq-Diamants, XIIIᵉ

plan ? La formule à 12 € (entrée, plat, café ou plat, dessert, café), servie midi et soir .

🍴 NUMÉRO 13
Français traditionnel
☎ 01 45 88 02 12 ; 6 place de Rungis, XIIIᵉ ; plats à partir de 10,40 €, formules midi à partir de 13,80 € ; 🕐 tlj sauf dim ; Ⓜ Tolbiac ou Maison-Blanche
Si vous poursuivez votre chemin tout au bout de la rue Bobillot, jusqu'à la place de Rungis, vous trouverez ce petit restaurant de quartier où

Le Numéro 13, place de Rungis

il fait bon s'attabler en terrasse. La cuisine est consistante et sans chichis, et vous aurez le choix entre deux formules le midi (entrée, plat, dessert et boisson 13,80 et 16,80 €), des salades composées et des tartines au pain Poilâne (9,50 €), et des plats à la carte le soir (à partir de 10,40 €).

🍴 RESTAURANT LAO-LANE XANG ROUAMMIT
Laotien/Thaïlandais
☎ 01 53 60 00 34 ; 103-105 av. d'Ivry, XIIIᵉ ; plats à partir de 6,20 €, menus à partir de 8,90 € ; 🕐 tlj sauf lun ; Ⓜ Tolbiac ou Maison-Blanche
Une bonne surprise dès que l'on pénètre dans cet établissement : le cadre est sobre et cosy (bois blond, claustras, tables dressées en blanc) et l'atmosphère plutôt tranquille. Autre réjouissance, c'est bon ! La cuisine, laotienne et thaïlandaise, y est fine, parfumée (riz sauté thaïlandais au poulet, crevettes et légumes 7,10 €, canard laqué désossé aux trois parfums 8,20 €) et les tarifs très avantageux. Les menus à 10,90 € et 11,90 € sont servis midi et soir ; un menu à 8,90 € est servi le midi seulement, du lundi au vendredi. Pas de paiement par chèque. Essayez également leur autre adresse, Loa Lane Xang 2 (☎ 01 58 89 00 00 ; 102 av. d'Ivry), quasiment en face, qui propose une bonne formule à 10,80 € pour le déjeuner.

Le Pho 14, l'endroit où goûter un vrai *pho*

🍴 PHO 14 *Vietnamien*

☎ 01 45 83 61 15 ; 129 av. de Choisy, XIIIᵉ ; plats à partir de 5,50 €, soupes pho à partir de 6 € ; 🕐 tlj ; Ⓜ Tolbiac

Dans une ambiance de cantine enfiévrée, la clientèle, en majorité asiatique, vient se régaler de soupes *pho* (prononcez "pheu") typiques, très parfumées, à des prix imbattables. Au poulet ou au bœuf, elles sont servies avec soja, oignon et coriandre (attention, celle aux boulettes contient des tripes). Terrasse chauffée l'hiver. Pas de CB.

🍸 PRENDRE UN VERRE ET SORTIR

Pour ceux qui ne veulent pas trop dépenser, tout, ou presque, se passe à la Butte-aux-Cailles et sur les quais de Seine, au bord desquels les amateurs de soirées qui bougent peuvent prendre leurs aises et seulement déranger les poissons !

🍸 LE MERLE MOQUEUR *Bar*

11 rue de la Butte-aux-Cailles, XIIIᵉ ; 🕐 17h-2h tlj ; Ⓜ Corvisart ou Place-d'Italie

Ce tout petit bar, à la bonne ambiance contagieuse, est presque toujours plein à craquer d'étudiants et de fêtards qui s'attardent pour le plaisir de partager de bons moments en musique, dans un décor où les amateurs retrouveront avec plaisir la toile "érotique" du film *Le Père Noël est une ordure* ! Le tout sans avoir peur de la note (la bière est à 2,50 € jusqu'à 20h, puis passe à 3,30 €).

DES MARCHÉS BON MARCHÉ !

Certains marchés du XIIIᵉ arrondissement figurent parmi les moins chers de Paris. Vous pourrez ainsi réaliser certaines économies en y achetant vos fruits et légumes, mais également en farfouillant sur les stands des vendeurs de vêtements.

■ **Marché Auguste Blanqui** (bd Auguste-Blanqui, XIIIᵉ ; ⏱ 7h-14h30 mar et ven, 7h-15h dim ; Ⓜ Corvisart ou Place-d'Italie)

■ **Marché Bobillot** (rue Bobillot, entre place de Rungis et rue de la Colonie, XIIIᵉ ; ⏱ 7h-14h30 mar et ven ; Ⓜ Tolbiac)

■ **Marché Maison Blanche** (110 à 162 av. d'Italie, XIIIᵉ ; ⏱ 7h-14h30 jeu, 7h-15h dim ; Ⓜ Maison-Blanche)

🍸 LA FOLIE EN TÊTE *Bar*

☎ 01 45 80 65 99 ; 33 rue de la Butte-aux-Cailles, XIIIᵉ ; ⏱ 17h-2h lun-sam, 18h-minuit dim ; Ⓜ Corvisart ou Place-d'Italie

Autre adresse très fréquentée de la rue, La Folie en Tête (ah, les paroles de la fameuse chanson *Le Temps des cerises* auront inspiré bien des établissements de la rue !) est un bar

relax où l'on vient prendre un verre pas cher (demi à 2,70 €) en bonne compagnie, sur fond de musique jazz ou reggae.

🍸 BATOFAR *Concerts-clubbing*

☎ 01 53 14 76 59 ; www.batofar.org ; face au 11 quai François-Mauriac, XIIIᵉ ; à partir de 5 €, gratuit pour les filles certains soirs ; ⏱ club mar-sam

à partir de 23h ; Ⓜ Quai-de-la-Gare ou Bibliothèque-François-Mitterrand
Incontournable des quais, l'insolite bateau rouge a conçu ses événements autour de 4 bars et d'un club installé dans sa cale. Haut lieu de la musique électro, il s'est ouvert aussi à d'autres tendances (hip-hop, house, world…). L'été, ouverture de la terrasse sur le pont à partir de 18h (16h le dim), et l'on peut parfois assister à des concerts gratuits (programmation sur le site Internet).

Ⓨ LA DAME DE CANTON
Concerts-clubbing

☎ **01 44 06 96 45 ; www.damedecanton. com ; face au 11 quai François-Mauriac, XIIIᵉ ; concerts à partir de 6 €, gratuit certains soirs, club 5 € ; 🕒 19h-2h mar-jeu, 23h30-jusqu'à l'aube ven-sam, dim-lun selon programmation ; Ⓜ Quai-de-la-Gare ou Bibliothèque-François-Mitterrand**

À bord de cette jonque chinoise à trois mâts, amarrée au pied de la BNF, vous embarquerez pour des concerts festifs à des prix raisonnables (la programmation mêle jazz manouche, salsa, chanson décalée et musiques tsiganes) que suivent, le week-end, des soirées DJ. Soirées gratuites certains soirs (consultez le site Web). Aux beaux jours, le "bar de la plage" ouvre sur les quais.

Ⓨ LE DJOON *Resto-clubbing*

☎ **01 45 70 83 49 ; www.djoon.com ; 22-24 bd Vincent-Auriol, XIIIᵉ ; à partir de 5 € ; 🕒 club 19h-minuit jeu, à partir de 23h30 ven-sam, 18h-minuit dim ; Ⓜ Quai-de-la-Gare ou Bercy**
Une belle réputation entoure ce grand bar-resto-club grâce à une programmation très soul, funk, house et garage, dont les tarifs d'entrée débutent à 5 € seulement. Le dimanche à partir de 18h, les *tea-dance party* Dance Culture (5 €) cèdent la place à la danse.

>INVALIDES, TOUR EIFFEL ET XVᵉ ARRONDISSEMENT

La tour Eiffel, bien campée sur ses quatre pieds, domine ce secteur bon teint où se succèdent l'Assemblée nationale, l'hôtel Matignon, l'Unesco, des ministères, des ambassades et de très beaux hôtels particuliers. Ici, on est bien loin du clinquant propre à la jet-set : l'argent se fait discret, et la haute bourgeoisie parisienne préserve jalousement ses beaux quartiers, propres et soignés. Quant au XVᵉ arrondissement, même s'il a réussi à garder, comme dans la rue Saint-Charles, la rue des Entrepreneurs ou la rue du Commerce, une véritable animation grâce aux nombreux magasins, il est devenu très résidentiel et s'est malheureusement installé dans une certaine torpeur tout comme son voisin le VIIᵉ. Mais il ne faut pas désespérer ! Même si les boutiques sélectes et les restaurants renommés (ou pas) affichent des prix presque prohibitifs, il existe encore de petites adresses, assez inattendues dans le secteur, où il fait bon faire son shopping et se restaurer sans trop faire chauffer sa carte de crédit !

INVALIDES, TOUR EIFFEL ET XVᵉ ARRONDISSEMENT

⊙ SE CULTIVER

🏠 SHOPPING

🍴 SE RESTAURER

🍷 PRENDRE UN VERRE ET SORTIR

Voir carte page suivante

◉ SE CULTIVER

Le quartier a la chance d'accueillir des musées parmi les plus importants de la capitale. Profitez-en pour les visiter en accès libre, tous les jours pour certains, et au moins une fois par mois pour les autres.

◉ MUSÉE D'ORSAY

☎ 01 40 49 48 14 ; www.musee-orsay.fr ; 1 rue de la Légion-d'Honneur, VIIᵉ ; tarif plein/réduit 8/5,50 €, 5,50 € en nocturne, gratuit 1ᵉʳ dim du mois ; ⏱ 9h30-18h tlj sauf lun, nocturne jeu 18h-21h45 ; Ⓜ Musée-d'Orsay ou Solférino
Superbement aménagé dans l'ancienne gare d'Orsay édifiée en 1900, ce musée rassemble de nombreux tableaux, sculptures et objets d'art datant de 1848 à 1914. Le premier dimanche de chaque mois, vous pouvez admirer, à l'œil, *L'Olympia* (1863) de Manet, *Les Raboteurs de parquet* (1875) de Caillebotte, les *Femmes de Tahiti* (1891) de Gauguin, et les œuvres de Renoir, Sisley, Pissaro, Van Gogh, Monet, Cézanne, Seurat, sans oublier les sculptures (Carpeaux, Rodin, Claudel, Degas), les objets d'art (Daum, Gallé, Gaudí), les arts graphiques et la collection de photographies. Le bon plan : tarif réduit à partir de 16h30 (18h jeu).

◉ MUSÉE DU QUAI BRANLY

☎ 01 56 61 70 00 ; www.quaibranly.fr ; 37 quai Branly, VIIᵉ ; tarif plein/réduit 8,50/6 €, expositions temporaires 7/5 €, billet jumelé collections permanentes et expositions temporaires 10/7 €, gratuit 1ᵉʳ dim du mois ; ⏱ 11h-19h mar, mer et dim, 11h-21h jeu-sam ; Ⓜ Alma-Marceau ou Bir-Hakeim
Arts et civilisations d'Afrique, d'Asie, d'Océanie et des Amériques : voilà la teneur des collections du musée du quai Branly, conçu par l'architecte Jean Nouvel. Mis en valeur par un éclairage tamisé, des chefs-d'œuvre

Le musée d'Orsay, rendez-vous des grands peintres

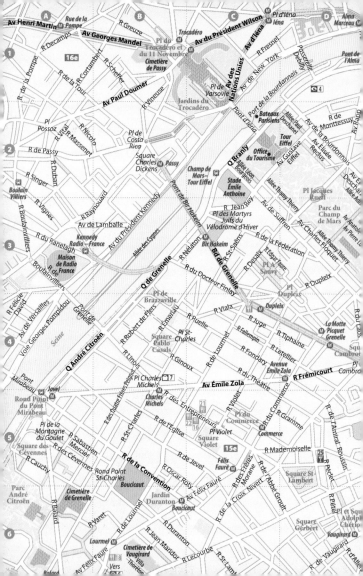

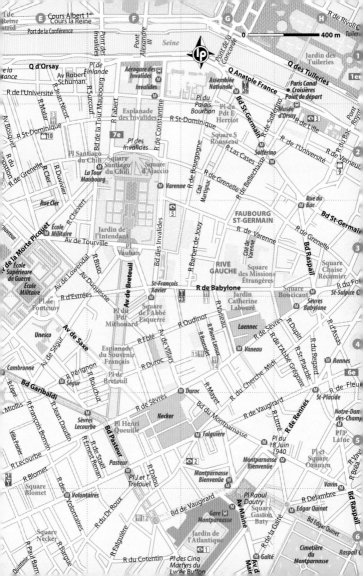

des cultures mexicaine (sculpture de Teotihuacán, IIIe-VIIe siècle), Taïno (spatule vomitive anthropomorphe, XIIIe-XVe siècle) ou encore du nord de Sumatra (sculpture toba batak, milieu du XVe siècle) sont à découvrir, parmi les 4 000 objets des divers continents. Sachez que vous pouvez le faire en accès libre le premier dimanche du mois. La Galerie Jardin accueille par ailleurs des expositions temporaires.

ⓒ MUSÉE RODIN

☎ 01 44 18 61 10 ; www.musee-rodin.fr ; 79 rue de Varenne, VIIe ; musée famille/ tarif plein/réduit 10/6/4 €, jardin 1 €, gratuit 1er dim du mois ; 🕒 9h30-17h45 tlj sauf lun et jardin jusqu'à 18h45 avr-sept, 9h30-16h45 oct-mars ; Ⓜ Varenne

Si vous voulez profiter pleinement du musée Rodin, un hôtel particulier du XVIIIe siècle, et de son jardin, empreint de sérénité et orné de sculptures, allez-y un 1er dimanche du mois quand les lieux se visitent gratuitement. Dans le parc comme dans les salles, on peut admirer les plus grandes œuvres de Rodin comme *Le Penseur* (1881, bronze), *Le Baiser* (1888-1889, marbre) ou encore *La Main de Dieu* (1896, marbre), mais aussi des croquis, peintures et gravures. Camille Claudel, son élève, son modèle et sa muse, y a aussi quelques sculptures, dont *Les Causeuses* (1893-1905).

L'archer du Musée Bourdelle

ⓒ MÉMORIAL LECLERC – MUSÉE JEAN MOULIN

☎ 01 40 64 39 44 ; www.ml-leclerc-moulin.paris.fr ; 23 allée de la 2e DB, Jardin Atlantique (couvrant la gare Montparnasse), XVe ; entrée libre sauf pdt expositions temporaires ; 🕒 10h-18h tlj sauf lun ; Ⓜ Montparnasse-Bienvenüe

C'est une leçon d'histoire (récente) qui vous attend dès que vous aurez franchi le seuil de ce musée, qui est en accès libre. À travers un hommage au maréchal Leclerc (1902-1947), qui fut l'un des acteurs, avec la 2ᵉ division blindée, de la libération de Paris en 1944, et à Jean Moulin (1899-1943), héros de la Résistance française dont les cendres sont conservées au Panthéon depuis 1964, on aborde le Paris de l'Occupation durant la Seconde Guerre mondiale. Affiches, documents, photos, vidéos éclairent le visiteur sur cette période trouble de notre histoire. Les souvenirs de nos grands-parents trouvent ici un écho authentique.

MUSÉE BOURDELLE
☎ 01 49 54 73 73 ; www.bourdelle. paris.fr ; 18 rue Antoine-Bourdelle, XVᵉ ; **entrée libre sauf pendant expositions temporaires** ; 🕙 10h-18h tlj sauf lun ; Ⓜ Montparnasse-Bienvenüe ou Falguière

Si, vous connaissez Antoine Bourdelle (1861-1929), sculpteur dont les œuvres ont au moins une fois attiré votre regard. Pensez par exemple au fameux *Héraklès archer* (1909-1924) qui a un temps orné les cahiers d'écoliers. Le musée, très agréable, et gratuit, renferme nombre de sculptures (bas-reliefs du Théâtre des Champs-Élysées 1910-1913, plâtre du monument au général Alvear 1913-1923), peintures, dessins et photographies de cet artiste du début du XXᵉ siècle, qui eut pour élève Alberto Giacometti et Henri Matisse.

🛍 SHOPPING

Certes, les boutiques du secteur n'ont pas vraiment pour vocation de vous faire faire des économies, mais il existe encore quelques adresses où vous pourrez céder à vos envies de *fashionista* sans trop dépenser. Une aubaine !

🛍 STOCK BONPOINT
Stock vêtements enfants
☎ 01 40 20 10 55 ; 42 rue de l'Université, VIIᵉ ; 🕙 10h30-19h lun-sam ; Ⓜ Solférino

Les mamans futées qui souhaitent habiller leur progéniture d'un look sage, mignon et harmonieux, avec des vêtements de qualité qui durent longtemps, vont s'approvisionner dans cette boutique. Les fins de série des saisons précédentes sont vendues avec 30 à 50% de rabais, de quoi faire plaisir sans trop grever son budget.

🛍 STOCK SACS
Stock maroquinerie
☎ 01 45 51 42 12 ; 109 bis rue Saint-Dominique, VIIᵉ ; 🕙 9h30-19h lun-sam ; Ⓜ La Tour-Maubourg

Pour celles qui veulent du choix et au moins 30% de réduction, voire plus, sur le prix de base des sacs de marque (Socco, Le Tanneur…), la petite maroquinerie (portefeuilles, porte-monnaie, ceintures, gants), les bagages (Delsey, Samsonite…),

Sacs et bagages à gogo chez Stock Sacs

voici l'adresse idéale. On farfouille à loisir et l'on se prend à vouloir acheter très en avance ses cadeaux de Noël.

🏠 MISTIGRIFF *Solderie*
☎ 01 53 95 32 40 ; www.mistigriff.fr ; 83-85 rue Saint-Charles, XVᵉ ; 🕑 10h-19h30 lun-sam ; Ⓜ Charles-Michels
Voici l'une des solderies les plus connues d'Île-de-France. La plupart des magasins sont en banlieue, mais il en existe un dans Paris intra-muros. Comme les autres, il vend des vêtements de marques (Ralph Lauren, Kenzo, Dim, Max Mara, Diesel, etc.) hommes, femmes,

enfants, avec au minimum 60% de remise sur le prix initial. On y trouve aussi des sous-vêtements, du linge de maison, un petit rayon chaussures et quelques produits cosmétiques. Pour dénicher la bonne affaire, il faut fouiller avec ardeur dans des bacs et sur les portants et passer régulièrement afin de repérer les nouveaux arrivages. Et alors, à l'abordage !

🏠 MI PRIX
Solderie de chaussures
☎ 01 48 28 42 48 ; 27 bd Victor, XVᵉ ; 🕑 10h-19h15 lun-sam ; Ⓜ Balard
Comment résister ? Ici, on trouve pratiquement toujours chaussure à son pied et l'on repart quasi-forcément avec l'une des paires de grandes marques et de créateurs (Gaspard Yurkievich, Prada, Christian Louboutin, Manolo Blahnik, Paul & Joe, etc.) exposées dans cette boutique installée au fin fond du XVᵉ arrondissement. Les modèles des collections passées sont vendus avec une réduction allant de 30 à 70%, mais souvent il n'y a que peu de tailles, voire une seule, pour un même modèle. Également quelques vêtements et accessoires (Dior, Cartier, Valentino).

🍴 SE RESTAURER
Pourvu que ça dure ! Voilà une bonne surprise : le VIIᵉ et le XVᵉ arrondissements comptent encore

de bonnes table à des prix très attractifs, notamment dans la rue des Entrepreneurs, enclave persane en plein XVᵉ.

🍴 CHEZ GERMAINE
Français traditionnel

☎ 01 42 73 28 34 ; 30 rue Pierre-Leroux, VIIᵉ ; menu 16,50 €, plats à partir de 13,50 € ; 🕐 tlj sauf dim ; Ⓜ Duroc ou Vaneau

Un tout petit restaurant à prix tout doux : voilà une bonne affaire dans le quartier. Le cadre, version bistrot, n'a rien d'exceptionnel en soi, mais l'atmosphère y est conviviale et le service attentif. La cuisine est traditionnelle et les plats sont

préparés en fonction des saisons et des produits frais du marché : poireaux vinaigrette, poulet aux deux moutardes, tarte au citron meringuée. Le menu à 16,50 € est servi midi et soir, et la (petite) terrasse est un peu en retrait de l'agitation de la rue de Sèvres.

🍴 DOMAINE DE LINTILLAC
Cuisine du Sud-Ouest

☎ 01 45 66 88 23 ; www.lintillac-paris.com ; 20 rue Rousselet, VIIᵉ ; plats à partir de 9,50 € ; 🕐 tlj sauf dim ; Ⓜ Duroc ou Vaneau

Ce petit restaurant aux tables nappées de vichy rouge pratique des prix serrés pour le secteur !

Chez Germaine, un bistrot comme on les aime

QUARTIERS

INVALIDES, TOUR EIFFEL ET XVᵉ ARRONDISSEMENT

Armé de votre grille-pain (disposé sur les tables), faites réchauffer vos toasts avant d'attaquer votre bloc de foie gras de canard mi-cuit à la gelée au monbazillac (9,35 €), que vous pouvez faire suivre de deux boudins aux châtaignes (9,50 €), avant de finir par un gâteau aux noix de "Brive-la-Gaillarde" (3,80 €). Vin au verre à partir de 2,45 €. Après ça, pour éliminer quelques calories, mieux vaut rentrer chez vous à pied ! Autres adresses au 54 rue Blanche (IXᵉ) et au 10 rue Saint-Augustin (IIᵉ).

🍴 GOA *Indien*
☎ 01 45 55 26 20 ; 19 rue Augereau, VIIᵉ ; menus à partir de 10 €, plats 8,50-18 € ; 🕒 tlj sauf dim ; Ⓜ École-Militaire

Un autre indien, avec une salle assez réduite, installé dans la rue Augereau (près de l'avenue de La Bourdonnais) qui sert un menu à 10 € le midi (sauf le week-end) et une formule à 16 € midi et soir, voilà qui fait plaisir ! Poulet tandoori, curry d'agneau aux épinards, crevettes à la sauce noix de coco… Tout cela sent bien bon et est servi dans un décor intime et coquet. Que demander de plus ?

🍴 AU PIED DE FOUET
Français traditionnel
☎ 01 47 05 12 27 ; www.aupieddefouet.com ; 45 rue de Babylone, VIIᵉ ; plats à partir de 7,90 €, plats du jour à partir

Le fameux toasteur du Domaine de Lintillac

de 9,50 € ; 🕒 tlj sauf dim ; Ⓜ Sèvres-Babylone ou Saint-François-Xavier
Voir la description détaillée p. 113.

🍴 LES COCOTTES
Grand chef à petit prix
135 rue Saint-Dominique, VIIᵉ ; salades 9-12 €, cocottes 12-16 € ; 🕒 tlj sauf dim ; Ⓜ Champs-de-Mars

Des cocottes, rue Saint-Dominique ? Oui, ma chère, mais ce sont ici de petites marmites individuelles dans lesquelles sont servis un suprême de volaille sauce poulette et riz pilaf, ou des Saint-Jacques avec beurre d'orange et endives. À la carte également, des soupes et autres délicieux petits plats signés Christian

PARIS-TÉHÉRAN POUR PRESQUE RIEN

La rue des Entrepreneurs – dans le XVe arrondissement – est assez insolite : sur une portion, elle est devenue totalement persane. Des restaurants, mais aussi des épiceries vous mènent tout droit en Iran. Franchissez le seuil de ces boutiques et vous aurez l'impression de vous retrouver devant l'étal d'un des marchands des bazars de Téhéran ou de Shiraz. Dépaysement assuré et prix raisonnables ! Tous les produits sont importés d'Iran et vos yeux, comme votre nez, seront ravis de voir autant de marchandises : pains iraniens juste sortis du four, thé (tchaï), caviar, caramels aux pistaches, citrons verts entiers séchés, baies d'épine-vinette (à faire revenir à la poêle et à ajouter au riz), mûres blanches, ail sauvage séché, griottes sous vide, bâtonnets de cristaux de sucre safranés… Vous pouvez y faire vos emplettes, trouver de quoi tenter une recette de votre livre de cuisine (en vente aussi), ou simplement une idée de cadeau original à offrir au prochain dîner où vous serez convié. Et si vous n'avez pas envie de cuisiner, vous pouvez toujours acheter des plats à emporter du traiteur Mazeh.

■ **Eskan** (☎ 0145 77 06 16 ; 62 bis rue Entrepreneurs, XVe ; ⏱ 10h-20h30 tlj ; Ⓜ Charles-Michels)

■ **Sépide** (☎ 01 45 78 13 24 ; 62 ter rue des Entrepreneurs, XVe ; ⏱ 11h-20h tlj sauf lun ; Ⓜ Charles-Michels)

■ **Mazeh** (voir le restaurant p. 172 ; ☎ 01 45 75 33 89 ; 65 rue des Entrepreneurs, XVe ; ⏱ tlj sauf lun ; Ⓜ Charles-Michels)

■ **Restaurant Cheminée** (☎ 01 45 79 30 89 ; 60 bis rue des Entrepreneurs, XVe ; ⏱ tlj ; Ⓜ Charles-Michels)

Constant – qui possède d'autres adresses dans la rue. On mange assis sur des chaises de bar, au comptoir, dans une salle tout en longueur au look très design. On aimerait parfois les portions un peu plus généreuses, mais la fabuleuse tarte au chocolat nous fait vite oublier ce désagrément !

🍴 **AUX PRODUITS DU SUD-OUEST** *Cuisine du Sud-Ouest*
☎ 01 45 56 04 31 ; 86 rue Saint-Dominique, VIIe ; menus à partir de 12,50 € ; ⏱ tlj sauf dim et lun ; Ⓜ **Invalides ou La Tour-Maubourg**
Ce restaurant propose une belle variété de spécialités du Sud-Ouest dans la boutique, en entrant, ou dans l'assiette, à l'arrière. Les copieux menu de Terroir à 17 € et menu Gourmand à 22 €, servis midi et soir, vous feront découvrir des produits maison de qualité. Mention spéciale pour la croustade aux pommes arrosée d'armagnac. L'accueil sympathique fait oublier le lieu un peu trop vaste et la décoration très hétéroclite.

QUARTIERS

INVALIDES, TOUR EIFFEL ET XVᵉ ARRONDISSEMENT

Les savoureuses brochettes de Mazeh

🍽 AUX ARTISTES
Français traditionnel
☎ 01 43 22 05 39 ; 63 rue Falguière,
XVᵉ ; formule midi 11 € , menus à partir
de 14 € ; 🕐 tlj sauf sam midi et dim ;
Ⓜ Pasteur ou Falguière
Poussez la porte de ce petit
restaurant insolite, dont les
tables rapprochées et les murs
couverts de vieilles affiches
créent une ambiance conviviale
qu'apprécient particulièrement
les jeunes du quartier. On vous
donne une carte, un papier et un
stylo car c'est à vous de noter votre
commande ! Les plats sont simples
et abordables : taboulé, œufs
mayonnaise, poulet rôti, steak,

bavette, dos de saumon, avec
plusieurs sauces, accompagnés
de frites ou légumes. La formule
du midi (entrée et plat, ou plat
et dessert) est à 11 €. Assiettes
composées 8-10 €.

🍽 MAZEH *Iranien*
☎ 01 45 75 33 89 ; 65 rue des
Entrepreneurs, XVᵉ ; menus à partir
de 13 € , soupes 11 € ; 🕐 tlj sauf lun ;
Ⓜ Charles-Michels
Chez Mazeh, ça n'arrête pas !
Les nombreux clients – pour la
plupart iraniens – viennent dans ce
restaurant-traiteur pour sa cuisine
typique et savoureuse et ses prix
fort raisonnables (menus à partir

de 13 € midi et soir). Laissez-vous séduire par cette gastronomie persane délicate et parfumée, et essayez le *ache mast*, un potage avec de la viande d'agneau, du riz, des lentilles, des fines herbes et du yaourt maison (11 €), ou le *joujeh kabab estragon*, une brochette de coquelet macérée dans une sauce à l'estragon et au piment vert (13 €). Quant au riz aux carottes, pistaches, amandes, zestes d'orange et safran… un régal !

⍾ É-DA *Coréen*
☎ 01 45 71 63 76 ; 62 rue des Entrepreneurs, XVᵉ ; menus à partir de 10 €, plats à partir de 11 € ; 🕒 tlj sauf dim ; Ⓜ Charles-Michels
Dans un décor design, version néo-baroque noir et blanc assez sobre quand même, avec lustres à pampilles et plantes à une tige, une clientèle d'affaires s'attable sérieusement pour déjeuner de saumon grillé, de riz au poisson cru, de coq au vin coréen ou encore d'une salade mixte aux oranges, échalotes et huile d'olive. Les menus proposés à 10/12/15 € le midi, sont à 12/14/17 € le soir.

⍾ AU DERNIER MÉTRO
Français traditionnel
☎ 01 45 75 01 23 ; 70 bd de Grenelle, XVᵉ ; formule midi 10 €, menus à partir de 15 € midi et soir, plats à partir de 9 € ; 🕒 12h-2h tlj ; Ⓜ Dupleix
Chaud devant ! Dans ce bistrot fort sympathique et animé (les soirs de march de rugby, ça vaut vraiment le coup !), on s'attable avec plaisir pour déguster de petits plats qui sentent bon le Sud-Ouest (pâté piquant basque et piperade, confit de canard, andouillette grillée sauce moutarde, boudin basque…). C'est bon, c'est copieux et c'est parfait pour ménager son porte-monnaie, en revanche, il n'est pas sûr que ce soit excellent pour votre ligne !

⍾ LA CAVE DE L'OS À MOELLE
Français traditionnel
☎ 01 45 57 28 28 ; 181 rue de Lourmel, XVᵉ ; menu unique avec buffet à volonté 22,50 € ; 🕒 tlj sauf lun ; Ⓜ Lourmel
Dans le quartier, cette adresse a sa réputation et sa petite originalité : c'est une table d'hôtes qui propose un menu unique à 22,50 € avec buffet à volonté. On partage la table avec les autres convives et on se sert soi-même parmi les bons produits du terroir : crudités, jambons, pâtés en entrée, puis soupe, plat du jour (viande en sauce et légumes), fromages et desserts. On a souvent les yeux plus gros que le ventre devant tant de victuailles ! Pour le vin, même concept : on se sert directement dans les rayonnages. Une adresse à retenir pour ceux qui ont un bon coup de fourchette. Ambiance conviviale garantie !

L'intérieur peps du Général Beuret

🍸 PRENDRE UN VERRE ET SORTIR

Il est vrai que le VIIᵉ et le XVᵉ arrondissements ne sont pas des quartiers réputés pour être des lieux phares de la nuit parisienne. Néanmoins, on y trouve deux cinémas, qui offrent des occasions de se faire une toile à des prix avantageux.

🍸 **LA PAGODE** *Cinéma*
☎ 01 45 55 48 48 ; 57 bis rue de Babylone, VIIᵉ ; tarif plein/réduit et séances lun et mer 8,50/7 € ; 🕐 tlj ; Ⓜ Saint-François-Xavier

Entourée d'un jardin absolument féerique, cette pagode japonaise du XIXᵉ siècle a été transformée en cinéma dans les années 1930. Son plafond est aujourd'hui soutenu par des échafaudages et la toiture fuit, mais son identité de salle de cinéma d'art et d'essai a été préservée par le ministère de la Culture. Dans ce lieu exotique, qu'il faut soutenir, les séances du lundi et du mercredi sont à tarif réduit pour tous (7 €).

🍸 **CINÉMA CHAPLIN (EX SAINT-LAMBERT)** *Cinéma*
☎ 01 48 28 78 87 ; 6 rue Péclet, XVᵉ ; tarif plein/réduit 7,50/6,50 €, sam et dim matin 5 € ; 🕐 tlj ; Ⓜ Vaugirard

Dans les trois salles de ce cinéma un peu perdu dans le XVᵉ arrondissement, vous aurez le loisir de voir ou de revoir de vieux films, comme ceux qui viennent de quitter l'affiche et que vous n'avez pas eu le temps d'aller voir. Tous les samedis et dimanches matin, les séances sont à 5 €. Profitez-en !

☖ LE GÉNÉRAL BEURET
Bar
☎ 01 42 50 28 62 ; 9 place du Général-Beuret, XVᵉ ; ☽ 8h-2h tlj ; Ⓜ Vaugirard
C'est un hommage à la BD qui fait la déco de ce sympathique bar planté dans un coin du XVᵉ, pas forcément connu pour être l'un des pôles des sorties nocturnes. Et pourtant ! Cette adresse rassemble les jeunes et les fêtards du quartier qui viennent pour papoter et prendre une bière en salle (demi à 2,70 €, 1,90 € au comptoir) – très colorée –

ou en terrasse. Un bon spot à tester si vous vous promenez dans le secteur.

☖ PÉNICHE CONCORDE-ATLANTIQUE *Clubbing*
☎ 01 47 05 71 03 ; 23 quai Anatole-France, VIIᵉ ; gratuit avant 22h ; ☽ mer-dim (variable en fonction des soirées) à partir de 18h ; Ⓜ Concorde ou Assemblée-Nationale
Les soirées Terrassa du dimanche (juin à mi-sept) attirent une foule de clubbers lookés qui viennent boire l'apéro en *before*, sur la terrasse bien sûr, au soleil couchant de préférence, en lunettes de soleil *of course*. Ambiance sonore assurée par des DJ. Clubbing éclectique dans la cale pour poursuivre la soirée (à partir de 22h). Soirée "Respect" du même acabit, avec DJ de pointe, tous les mercredis d'été (juin à mi-sept).

HÉBERGEMENT

Se loger à Paris pour pas cher ?
Pas de problème ! Il est possible
de trouver des hébergements
pratiquant des tarifs avantageux
dans presque tous les arrondissements. Auberges de jeunesse,
hôtels et chambres d'hôtes
réservent souvent de bonnes
surprises, du fait notamment
de leur emplacement idéal : en
plein centre par exemple, ou
bien donnant sur un jardin ou sur
une rue tranquille en plein cœur
de l'animation parisienne. Les
hébergements cités ci-après sont
classés par arrondissements ; les
tarifs indiqués sont ceux pratiqués
en haute saison. Sachez que vous
pouvez bénéficier de réductions
intéressantes si vous réservez en
ligne ou si vous passez plus de
deux nuits dans l'établissement.

AUBERGES DE JEUNESSE ET CAMPING

CAMPING DU BOIS DE BOULOGNE

☎ 01 45 24 30 00 ; www.campingparis.fr
et www.campingduboisdeboulogne.fr ;
2 allée du bord de l'eau, XVIᵉ ; véhicule et
tente pour 2 pers 25-37,20 € selon période
Le seul camping de Paris, situé
à l'orée du bois de Boulogne sur

7 hectares, face à l'île de Puteaux,
en bordure de Seine. Les 435 places
sont prises d'assaut en été. On peut
louer à la nuit des bungalows ou
des mobile homes. Depuis la Porte
Maillot, accès par le bus n°244 et
navette d'avril à octobre.

🏠 BVJ CENTRE INTERNATIONAL PARIS LOUVRE

☎ 01 53 00 90 90 ; www.bvjhotel.com ;
20 rue Jean-Jacques-Rousseau, Iᵉʳ ; dort
29 €/pers, d 35 €/pers, petit-déj inclus ;
Ⓜ Louvre-Rivoli ; 🖳
Géré par le Bureau des voyages
de la jeunesse, cet établissement
propose aux voyageurs de 18 à
35 ans des dortoirs et chambres
avec lavabo (douches et toilettes
sur le palier). Accès Internet
(1 €/10 min). Réservation impérative
au moins 15 jours à l'avance.
Paiement en espèces uniquement.
Autre établissement dans le
Quartier latin (voir ci-contre).

🏠 LES MAISONS INTERNATIONALES DE LA JEUNESSE ET DES ÉTUDIANTS

☎ 01 42 74 23 45 ; www.mije.com ; 6 rue
de Fourcy, 11 rue du Fauconnier et 12 rue
des Barres, IVᵉ ; dort 30 €/pers, s/d/t
49/36/32 €/pers, petit-déj inclus ; 🖳
Difficile de trouver meilleur
rapport qualité/prix/emplacement
dans la capitale ! Le MIJE est
une association qui gère, dans

le Marais, trois superbes hôtels particuliers du XVIIIe siècle, transformés en hôtels pour jeunes voyageurs. Les tarifs sont identiques pour chaque établissement. Ils abritent des dortoirs non mixtes, des chambres simples, doubles et triples et sont tous dotés de douches (toilettes communes dans les étages). **MIJE Le Fourcy** (6 rue de Fourcy, IVe ; Ⓜ Saint-Paul), le plus grand des trois, est situé face à la Maison européenne de la photographie (voir p. 47) ; possibilité d'un repas complet le soir pour 10,50 €. **MIJE Le Fauconnier** (11 rue du Fauconnier, IVe ; Ⓜ Saint-Paul ou Pont-Marie), se trouve juste à quelques rues du précédent. **MIJE Maubuisson** (12 rue des Barres, IVe ; Ⓜ Hôtel-de-Ville ou Pont-Marie) est le plus beau et le plus agréable des trois. Adhésion obligatoire aux MIJE : 2,50 €/an.

🏠 **YOUNG AND HAPPY HOSTEL**
☎ 01 47 07 47 07 ; www.youngand happy.fr ; 80 rue Mouffetard, Ve ; dort 24-26 €/pers, d 28 €/pers, petit-déj inclus ; Ⓜ Place-Monge ; 💻
Cet établissement bordant la rue Mouffetard, en plein Quartier latin, a toujours la cote auprès des jeunes, même si les chambres et les dortoirs sont exigus, et qu'ils ne disposent que de lavabos. Le mieux pour avoir une place en été est de s'y rendre directement à partir de 8h. Accès Internet (2 €/30 min). Pas de CB.

🏠 **BVJ CENTRE INTERNATIONAL PARIS QUARTIER LATIN**
☎ 01 43 29 34 80 ; www.bvjhotel.com ; 44 rue des Bernardins, Ve ; dort 29 €/ pers, s-d 45-35 €/pers, petit-déj inclus ; Ⓜ Maubert-Mutualité ; 💻
Dans cette auberge de jeunesse implantée au cœur du Quartier latin, toutes les chambres (doubles, individuelles et dortoirs non mixtes) possèdent le téléphone et une douche, les toilettes étant sur le palier. Paiement en espèces uniquement. Autre établissement près du Louvre (voir ci-contre).

🏠 **WOODSTOCK HOSTEL**
☎ 01 48 78 87 76 ; www.woodstock.fr ; 48 rue Rodier, IXe ; Jouffroy, IXe ; dort 19-22 €/pers, d 22-25 €/pers selon période, petit-déj inclus ; Ⓜ Anvers ; 💻 📶
Cette auberge sympathique et conviviale, à deux pas de la place Pigalle, propose des dortoirs et des chambres (avec lavabo) avec sanitaires communs sur le palier. Kiosque Internet (30 min/2 €) et Wi-Fi gratuit. Bar et agréable patio intérieur.

🏠 **PEACE AND LOVE HOSTEL**
☎ 01 46 07 65 11 ; www.paris-hostels.com ; 245 rue La Fayette, Xe ; dort 29 €/pers, ch 33 €/pers, petit-déj inclus ; Ⓜ Jaurès ou Louis-Blanc ; 💻
Décontracté et accueillant, comme son nom l'indique, cet établissement propose des chambres et des

dortoirs (jusqu'à 9 lits) tous dotés de salle de bains avec W-C. Attention, le bar du rez-de-chaussée est ouvert jusqu'à 2h du matin…Grande cuisine à disposition et accès Internet à partir de 1 €.

⌂ AUBERGE DE JEUNESSE JULES FERRY

☎ 01 43 57 55 60 ; www.fuaj.org ; 8 bd Jules-Ferry, XIᵉ ; dort 23 €/pers, petit-déj inclus ; Ⓜ République ou Goncourt ; 🍴 💻
Non loin de la place de la République et du canal Saint-Martin, cette auberge de jeunesse, qui mériterait un petit coup de neuf, accueille les jeunes et les moins jeunes. Carte FUAJ obligatoire (moins/plus de 26 ans 11/16 €) – 2,90 € suppl/nuit pour les non-membres.

⌂ AUBERGE INTERNATIONALE DES JEUNES

☎ 01 47 00 62 00 ; www.aijparis.com ; 10 rue Trousseau, XIᵉ ; dort et ch 19 €/pers, petit-déj inclus ; Ⓜ Ledru-Rollin ; 💻
Dans cette auberge bien placée, à deux pas de la Bastille et de son animation nocturne, les dortoirs pour 4 personnes sont équipés de douches et de W-C. Pour les chambres de 2 et 3 personnes, en revanche, les sanitaires (douches et toilettes) sont sur le palier. Accès Internet (2 €/15 min). Sympathique bar sur le trottoir d'en face.

⌂ HOSTEL BLUE PLANET

☎ 01 43 42 06 18 ; www.hostelblue planet.com ; 5 rue Hector-Malot, XIIᵉ ; dort et ch 25 €/pers, petit-déj inclus ; Ⓜ Gare-de-Lyon ; 💻
À proximité de la gare de Lyon, un emplacement idéal si vous avez un train à prendre à l'aube. Chambres et dortoirs équipés de douches, et de toilettes pour certains. Accès Internet (3-6 €/30 min-1h).

⌂ OOPS! HOSTEL

☎ 01 47 07 47 00 ; www.oops-paris.com ; 50 av. des Gobelins, XIIIᵉ ; dort 23-30 €/pers, d 60-70 € selon période, petit-déj inclus ; Ⓜ Place-d'Italie ou Gobelins ; 🍴 💻 📶 ♿
Cette auberge de jeunesse, au look néo-pop pétillant, possède quelques chambres privées et des dortoirs pour 4 personnes équipés de douches, de toilettes et du Wi-Fi. Accès Internet gratuit dans la salle des petits-déjeuners, attenante à la réception. Ascenseur et accès pour personnes à mobilité réduite.

⌂ ALOHA HOSTEL

☎ 01 42 73 03 03 ; www.aloha.fr ; 1 rue Borromée, XVᵉ ; dort 25 €/pers, d 28 €/pers, petit-déj inclus ; Ⓜ Volontaires ; 📶
Dans cet établissement jouant sur la sobriété (pierre apparente), les dortoirs et les chambres privées (douches et W-C sur le palier) ont été rénovées il y a peu. Cuisine commune et salle de petit-déjeuner

CHAMBRES D'HÔTES ÉCONOMIQUES

De plus en plus appréciées, car elles offrent souvent un bon rapport qualité/prix, les chambres d'hôtes se développent dans la capitale et sa banlieue. Le prix (on trouve bien souvent des chambres pour deux personnes à 60-70 €, petit-déjeuner compris), l'accueil et le style des chambres varient d'une adresse à l'autre, mais les prestations que vous y trouverez sont en général de qualité. Certaines font également table d'hôtes : l'occasion de faire plus ample connaissance avec les propriétaires et les autres hôtes. Ce type d'hébergement étant de plus en plus prisé, nous vous conseillons de réserver. Les réseaux cités ci-dessous recensent beaucoup d'adresses et garantissent en général le respect des normes de sécurité et de confort. Notez également que la quasi-totalité des chambres d'hôtes n'accepte que les paiements par chèque ou en espèces.

■ **Alcôves et agapes** (☎ 01 44 85 06 05 ; www.bed-and-breakfast-in-paris.com ; 8 bis rue Coysevox, 75018 Paris)

■ **Bed & Breakfast France** (☎ 01 34 19 90 00 ; www.bedbreak.com)

■ **Fleurs de Soleil** (☎ 0826 62 03 22 ou 04 70 97 45 28 ; www.fleursdesoleil.fr ; 52 av. Thermale, 03200 Vichy)

■ **France Lodge** (☎ 01 56 33 85 80 ; www.francelodge.fr ; 41 rue La Fayette, 75009 Paris)

■ **Good Morning Paris** (☎ 01 47 07 28 29 ; www.goodmorningparis.fr ; 43 rue Lacépède, 75005 Paris)

■ **Homelidays** (☎ 01 70 75 34 00 ; www.homelidays.com ; 47 bis rue des Vinaigriers, 75010 Paris)

■ **Hôtes Qualité Paris** (www.hotesqualiteparis.fr). Le site officiel des chambres d'hôtes à Paris.

■ **To Be in Paris** (☎ 01 47 34 01 50 ; www.2binparis.com ; 9 villa Croix-Nivert, 75015 Paris)

■ **Une chambre en ville** (☎ 01 44 06 96 71 ; www.chambre-ville.com ; 10 rue Fagon, 75013 Paris)

Une autre façon de se loger à moindres frais, pour un séjour prolongé dans la capitale : l'échange ou la location d'appartements :

■ **Troc Maison** (☎ 05 59 02 02 02 ; www.trocmaison.com)

■ **Apartment Living In Paris** (☎ 01 45 67 27 90 ; www.apartment-living.com)

■ **Destinations Loc'Appart** (☎ 01 45 27 56 41 ; www.destinationslocappart.com)

■ **Paris Attitude** (☎ 01 42 96 31 46 ; www.parisattitude.com)

de style caveau. Wi-Fi gratuit. Pas de CB (valable uniquement pour les réservations).

🏠 LE VILLAGE HOSTEL
☎ 01 42 64 22 02 ; www.villagehostel.fr ; 20 rue d'Orsel, XVIIIᵉ ; dort 28-35 €/pers, ch 28-45 €/pers, petit-déj inclus ; Ⓜ Anvers ; 🖳
Dans cette auberge située au pied de la butte Montmartre, les chambres et les studios-dortoirs avec coin cuisine (2 à 6 personnes) sont équipés de douches, mais pas de toilettes (sur le palier). Terrasse avec vue sur le Sacré-Cœur.

HÔTELS
🏠 HÔTEL HENRI IV
☎ 01 43 54 44 53 ; www.henri4hotel.fr ; 25 place Dauphine, Iᵉʳ ; s et d avec douche et W-C 69 €, petit-déj inclus ; Ⓜ Pont-Neuf ou Cité ; ♿
Une véritable aubaine en plein cœur de la capitale ! Cet hôtel charmant dispose de chambres, qui mériteraient certes un petit coup de jeune, mais qui donnent toutes sur la place Dauphine. Réservez longtemps à l'avance.

🏠 HÔTEL DE LILLE
☎ 01 42 33 33 42 ; 8 rue du Pélican, Iᵉʳ ; d 55-58 € ; Ⓜ Palais-Royal-Musée-du-Louvre
Cet hôtel n'a rien d'exceptionnel et sa décoration a dépassé depuis longtemps toutes les modes, mais

il est bien situé, et au calme. Certaines chambres n'ont pas de salle de bains, mais juste un lavabo.

🏠 HÔTEL TIQUETONNE
☎ 01 42 36 94 58 ; 6 rue Tiquetonne, IIᵉ ; d 35-55 € ; Ⓜ Étienne-Marcel
Voici un établissement simple, mais propre et assez confortable. Ce charmant "une-étoile" est une vraie affaire, installé dans une rue calme à deux pas de la très branchée rue Montorgueil et des Halles.

🏠 HÔTEL AMÉRICAIN
☎ 01 48 87 58 92 ; www.paris-hotel-americain.com ; 72 rue Charlot, IIIᵉ ; s/d 68-78/78-88 € ; Ⓜ Filles-du-Calvaire ; 🛜
Au cœur du Marais, cet hôtel propose des chambres sans véritable style mais correctement équipées (TV sat et Wi-Fi), toutes dotées de double vitrage et de salle de bains (les simples disposent de douche, les doubles de baignoire).

🏠 HÔTEL DE LA HERSE D'OR
☎ 01 48 87 84 09 ; www.parishotel herseor.com ; 20 rue Saint-Antoine, IVᵉ ; s/d 49-65/59-75 € ; Ⓜ Bastille ; 🖳
Un établissement sympathique, basique et bon marché, situé près de la place de la Bastille. Parmi les chambres lumineuses et bien tenues (certaines donnent sur un petit jardin), les moins chères disposent seulement d'un lavabo, les autres d'une salle de bains.

🏠 GRAND HÔTEL DU LOIRET
☎ 01 48 87 77 00 ; www.hotel-loiret.fr ; 8 rue des Mauvais-Garçons, IVe ; s/d/tr 50-80/50-90/100-110 € ; Ⓜ Hôtel-de-Ville ou Saint-Paul ; 🖥
Six des 27 chambres proposées n'ont ni douche ni W-C (sur le palier), mais elles restent tout de même une bonne affaire, au vu de leur emplacement, en plein cœur du Marais et du quartier gay.

🏠 HÔTEL GAY-LUSSAC
☎ 01 43 54 23 96 ; www.paris-hotel-gay-lussac.com ; 29 rue Gay-Lussac, Ve ; s/d avec lavabo 50/60 €, s/d avec douche 60/70 €, s/d/t avec douche et W-C 65/78/110 € ; Ⓜ Luxembourg ; 🖥
Les simples (petites) et doubles (aux beaux volumes), aux meubles sommaires, mériteraient un petit coup de neuf. Mais l'accueil est aimable et l'emplacement parfait pour sillonner le Quartier latin.

🏠 PORT ROYAL HÔTEL
☎ 01 43 31 70 06 ; www.hotelportroyal.fr ; 8 bd Port-Royal, Ve ; s/d avec lavabo 41/52,50 €, d avec bain ou douche et W-C 78,50-89 € ; Ⓜ Les Gobelins ; ♿
Depuis 1931, c'est la même famille qui accueille la clientèle dans des chambres proprettes et calmes, dont certaines donnent sur une petite cour (la n°15 par exemple), d'autres sur la rue. La chambre n°11 a notre préférence pour son ambiance colorée et sa jolie salle de bains.

🏠 HÔTEL LE PETIT TRIANON
☎ 01 43 54 94 64 ; 2 rue de l'Ancienne-Comédie, VIe ; s/d 50/69 € ; Ⓜ Odéon
Un établissement tout à fait simple, bien situé, doté de chambres très basiques (la déco laisse franchement à désirer) réparties sur six niveaux. Depuis les chambres n°17 et n°20, on aperçoit la cathédrale Notre-Dame. Bon plan pour le quartier.

🏠 HÔTEL DE NEVERS
☎ 01 47 00 56 18 ; www.hoteldenevers.com ; 53 rue de Malte, XIe ; s/d 62/69 € ; Ⓜ République ; 📶
Dans cet hôtel, au nord du Marais et à quelques minutes d'Oberkampf, les chambres sont sans fioritures, voire spartiates, mais l'ambiance est conviviale. Wi-Fi gratuit.

🏠 HÔTEL BAUDELAIRE BASTILLE
☎ 01 47 00 40 98 ; www.paris-hotel-bastille.com ; 12 rue de Charonne, XIe ; s/d 57/65-79 € ; Ⓜ Bastille ou Ledru-Rollin ; 🖥
Les 46 chambres de cet hôtel, plutôt cosy, sont impeccables, fonctionnelles et dotées de double vitrage qui atténue, plus ou moins bien, le bruit extérieur.

🏠 HÔTEL COSY
☎ 01 43 43 10 02 ; www.hotel-cosy.com ; 62 bd de Picpus, XIIe ; s/d avec lavabo 45/50 €, d avec douche et W-C 65 € ; Ⓜ Picpus ou Nation ; 📶 ⛶

Cet établissement accueillant, à deux pas de la place de la Nation, loue des chambres (TV et Wi-Fi) aérées, toutes différentes (certaines sont parfois exiguës). Quelques-unes donnent sur une cour intérieure ou sur le petit square Courteline.

HÔTEL DES BEAUX-ARTS
☎ 01 44 24 22 60 ; www.hotel-beaux-arts.fr ; 2 rue Toussaint-Féron, XIIIe ; d sans douche 39 €, s/d avec douche et W-C 59/65 € ; M Tolbiac

Installé dans un ancien relais à chevaux, une adresse simple, pleine de cachet, tenue par un couple sympathique. Jolie cour intérieure où l'on petit-déjeune en été.

HÔTEL VERLAINE
☎ 01 45 89 56 14 ; www.cofrase.com/hotel/verlaine ; 51 rue Bobillot, XIIIe ; s/d 56/64 € ; M Place-d'Italie ou Tolbiac

Les 20 chambres de ce petit hôtel proche de la Butte-aux-Cailles et de ses lieux de sorties, sont sans grand charme mais sont bien tenues et calmes. Bon rapport qualité/prix.

HÔTEL DU PRINTEMPS
☎ 01 43 43 62 31 ; www.hotel-paris-printemps.com ; 80 bd de Picpus, XIIe ; s avec douche sans W-C 57 €, d/tr avec douche et W-C 65-70/80-85 € ; M Picpus ;

Cet hôtel est un peu excentré, mais ses 38 chambres (TV sat, double

vitrage et ventilateur) sont d'un très bon rapport qualité/prix. Seules les simples n'ont pas de W-C (situés sur le palier). Bar ouvert 24h/24.

HÔTEL DE BLOIS
☎ 01 45 40 99 48 ; www.hoteldeblois.com ; 5 rue des Plantes, XIVe ; s/d 50-90/55-95 € ; M Mouton-Duvernet ;

Dans cet hôtel, les chambres sont petites mais bien équipées. Certaines ont une douche seulement (et toilettes sur le palier). Accueil charmant.

HÔTEL ELDORADO
☎ 01 45 22 35 21 ; www.eldoradohotel.fr ; 18 rue des Dames, XVIIe ; d 73-82 € ; M Place-de-Clichy

Charmant hôtel situé dans une rue tranquille, offrant 23 chambres confortables (les nos 16 et 17 disposent d'une terrasse). Certaines sont réparties dans une annexe agrémentée d'un joli jardin.

HÔTEL BONSÉJOUR MONTMARTRE
☎ 01 42 54 22 53 ; www.hotel-bonsejourmontmartre.fr ; 11 rue Burq, XVIIIe ; s/d/t 33-40/44-55/58-65 € ; M Abbesses ;

Dans une rue calme de Montmartre, le Bonséjour est un lieu simple, et bon marché. Les chambres (les moins chères sans douche) sont fonctionnelles, mais les sanitaires datent un peu.

CARNET PRATIQUE

RENSEIGNEMENTS

AMBASSADES ET CONSULATS

Belgique (☎ 01 44 09 39 39 ; 9 rue de Tilsitt, XVIIe ; www.diplomatie.be/paris ; Ⓜ Charles-de-Gaulle-Étoile)

Suisse (☎ 01 49 55 67 00 ; 142 rue de Grenelle, VIIe ; www.eda.admin.ch ; Ⓜ La Tour-Maubourg)

Canada(☎ 01 44 43 29 00 ; 35 av. Montaigne, VIIIe ; www.canadainternational.gc.ca ; Ⓜ Alma-Marceau)

ARGENT

CARTES DE CRÉDIT

Les cartes de crédit Visa et MasterCard sont les plus fréquemment acceptées. Notez que certains établissements ne prennent pas les cartes de crédit (indiqué dans le texte). En cas de perte ou de vol, contactez les numéros suivants :
Carte Bleue Visa : 0892 705 705
Mastercard/Eurocard : 0800 90 13 87
American Express : 01 47 77 72 00
Diners Club : 0820 82 05 36

CHANGE

Les visiteurs de pays hors zone euro pourront changer leur argent dans les principales gares et les grands hôtels. Les bureaux de poste ont un service de change à taux raisonnable. Les banques prélèvent une commission de 3 à 4,50 € par transaction. Les bureaux de change ci-dessous ouvrent de 10h à 17h45 :
Le change du Louvre (☎ 01 42 97 27 28 ; 151 rue Saint-Honoré, Ier ; Ⓜ Palais-Royal-Musée-du-Louvre ; ☾ 10h-19h lun-ven)
Banque Travelex (☎ 01 47 20 25 14 ; 125 av. des Champs-Élysées, VIIIe ; Ⓜ Charles-de-Gaulle-Étoile ; ☾ 9h-20h lun-sam, 10h-19h dim)

FORMALITÉS

PASSEPORT ET VISA

Les ressortissants suisses n'ont pas besoin de visa pour venir en France, quelle que soit la durée de leur séjour. Les ressortissants du Canada sont exempts de visa si leur séjour ne dépasse pas trois mois.

HÉBERGEMENT

Reportez-vous au chapitre p. 176 pour consulter notre sélection. Les centrales de réservation indiquées ci-dessous peuvent vous être utiles, notamment pour profiter de promotions :
Accor www.accorhotels.com
FastBooking.com www.hotels-paris.fr
Hôtels de Paris www.hotels-paris.com

HEURES D'OUVERTURE

En général, les commerces et les bureaux ferment le dimanche et, parfois, le lundi ou le mardi. Ils restent souvent ouverts jusqu'à 22h un jour par semaine. Les banques sont ouvertes de 9h à 16h (certaines ferment à l'heure du déjeuner).

CARNET PRATIQUE

La plupart des restaurants servent de 12h à 15h pour le déjeuner et de 19h-19h30 à au moins 21h30 pour le dîner. Dans les monuments et les musées, les guichets ne vendent plus de tickets 30 min à 1 heure avant la fermeture.

JOURNAUX

Les gratuits *À nous Paris* et *Lylo* (dans les bars) ainsi que *Pariscope* et *L'Officiel des spectacles* renseignent sur l'actualité culturelle parisienne.

JOURS FÉRIÉS

Jour de l'An 1er janvier
Pâques fin mars/avril
Lundi de Pâques fin mars/avril
Fête du Travail 1er mai
Victoire de 1945 8 mai
Ascension mai
Lundi de Pentecôte mai/juin
Fête nationale 14 juillet
Assomption 15 août
Toussaint 1er novembre
Armistice 1918 11 novembre
Noël 25 décembre

POURBOIRES

Le service est généralement compris dans l'addition des cafés et restaurants, ou dans la note des hôtels. Néanmoins, il est d'usage de laisser un petit pourboire.

RÉDUCTIONS

Des réductions (entre 30 et 50%) sont accordées aux jeunes, étudiants, seniors, chômeurs et familles

nombreuses pour toutes sortes de services allant des transports aux musées. N'oubliez pas de présenter vos cartes justificatives.

RENSEIGNEMENTS TOURISTIQUES

Office du tourisme et des congrès de Paris (☎ 0892 68 3000, 01 49 52 42 63 ; www. parisinfo.com ; 25-27 rue des Pyramides, Ier ; 🕐 9h-19h tlj juin-oct, 10h-19h lun-sam et 11h-19h dim nov-mai ; Ⓜ Pyramides)
Autres bureaux d'accueil dans Paris :
Anvers (face au 72 bd de Rochechouart, XVIIIe ; 🕐 10h-18h ; Ⓜ Anvers)
Tour Eiffel (entre les piliers Nord et Est, Parc du Champ-de-Mars, VIIe ; 🕐 11h-18h40 mars-oct ; Ⓜ Champ-de-Mars-Tour Eiffel)
Gare de Lyon (hall des arrivées, 20 bd Diderot, XIIe ; 🕐 8h-18h lun-sam ; Ⓜ Gare-de-Lyon)
Gare du Nord (18 rue de Dunkerque, Xe ; 🕐 8h-18h ; Ⓜ Gare-du-Nord).
Opéra-Grands Magasins (11 rue Scribe, IXe ; 🕐 9h-18h30 lun-sam ; Ⓜ Auber ou Opéra)
Syndicat d'initiative de Montmartre (21 place du Tertre, XVIIIe ; 🕐 10h-19h ; Ⓜ Abbesses)

TABAC

Depuis janvier 2008, il est interdit de fumer dans tous les lieux publics, les bars et les restaurants.

TÉLÉPHONE

CODES ET INDICATIFS

L'indicatif de la France est le ☎ 33. Les numéros de Paris et de la région Île-de-France commencent par ☎ 01.

Pour appeler l'étranger depuis la France, composez le code d'accès international ☎ 00, puis l'indicatif du pays et du numéro de votre correspondant.

NUMÉROS UTILES

Assistance à l'annuaire international (☎ 32 12)

Assistance à l'annuaire local (☎ 118 710 ; 118 712). Liste complète des services de renseignements sur www.allo118.com.

TÉLÉPHONES PORTABLES

La France utilise le système GSM 900/1800, incompatible avec le système GSM 1900 d'Amérique du Nord (sauf les mobiles GSM 1900/900). Les cabines téléphoniques fonctionnent avec des télécartes (7,50 €) en vente dans les bureaux de poste, tabacs, supermarchés, agences SNCF, stations de métro et tous les points de vente qui l'indiquent.

VISITES GUIDÉES

EN BUS

Les Cars Rouges (☎ 01 53 953 953 ; www.carsrouges.com ; 17 quai de Grenelle, XVᵉ ; billet 2 jours 24/12 €)

France Tourisme (☎ 01 53 10 35 35 ; www.francetourisme.fr ; 33 quai des Grands-Augustins, VIᵉ ; billet 2 jours 24 € ; M Saint-Michel)

EN BATEAU

Croisières sur les canaux

Canauxrama (☎ 01 42 39 15 00 ; www.canauxrama.com ; 13 quai de la Loire, XIXᵉ ; tarif plein/réduit 15/11-8 €, gratuit -4 ans ; ☀ tlj avr-oct)

Paris Canal (☎ 01 42 40 96 97 ; www.pariscanal.com ; 19 quai de la Loire,XIXᵉ ; tarif plein/réduit 17/14-10 € ; ☀ tlj fin mars à mi-nov)

Croisières sur la Seine

Bateaux parisiens (☎ 01 46 99 43 13 ; www.bateauxparisiens.com ; port de La Bourdonnais, VIIᵉ ; tarif plein/réduit 11/5 € ; ☀ toutes les 30 min 10h-22h30 avr-sept, toutes les heures 10h-22h oct-mars ; M Alma-Marceau).

Vedettes de Paris (☎ 01 44 18 19 50 ; www.vedettesdeparis.fr ; port de Suffren, VIIᵉ ; tarif plein/réduit 11/5 € ; ☀ toutes les 30 min 11h-21h mars-avr et sept, 10h30-23h juil-août, toutes les heures 11h-18h jan-fév et oct-déc ; M Bir-Hakeim)

À PIED

Parisien d'un jour, Parisien toujours/ Paris greeter (www.parisiendunjour.com ; gratuit). Visites gratuites assurées par des bénévoles. Groupes jusqu'à 6 personnes. Inscription en ligne 3 semaines à l'avance.

Ça se visite ! (☎ 01 48 06 27 41 ; www.ca-se-visite.fr ; promenade 10/12 €). Visites guidées de 2 heures à 2 heures 30 de Belleville, Ménilmontant, Clignancourt et Saint-Ouen.

Fédération française de la randonnée pédestre (☎ 01 44 89 93 90 ; www.ffrandonnee.fr). Liste d'associations organisant des balades dans Paris.

À VÉLO

Paris à vélo c'est sympa (☎ 01 48 87 60 01 ; www.parisvelosympa.com ; 22 rue Alphonse-Baudin, XIe ; Ⓜ Saint-Sébastien-Froissart).

VOYAGEURS HANDICAPÉS

 Les sites affichant ce label garantissent une information fiable, un accueil adapté et des aménagements spécifiques pour les personnes handicapées. Près de 200 sites sont labellisés à Paris et en Île-de-France.

Le métro n'est pas accessible aux personnes en fauteuil roulant, à l'exception de la ligne 14. Les rampes d'accès sont rares, mais désormais réglementaires dans les hôtels, les musées et les édifices publics récents. Beaucoup de restaurants ne sont que partiellement équipés (les toilettes, en particulier, ne sont pas toujours aménagées) ; renseignez-vous en réservant.

RENSEIGNEMENTS ET ORGANISATIONS

Les voyageurs à mobilité réduite trouveront une information complète sur le site du **Comité régional du tourisme Paris Île-de-France** (www.nouveau-paris-idf.com). Pour tous renseignements sur l'accessibilité des transports publics, consultez le *Guide pratique à l'usage des personnes à mobilité réduite*, publié par le **Syndicat des transports d'Île-de-France** (☎ 01 47 53 28 00 ; www.stif-idf.fr).

TRANSPORTS
ARRIVÉE ET DÉPART

TRAIN

Les six gares parisiennes de trains longue distance sont toutes desservies par le métro : gare d'Austerlitz, gare de l'Est, gare de Lyon, gare du Nord, gare Montparnasse et gare Saint-Lazare.Renseignements auprès de la **SNCF** (☎ 36 35 ; www.sncf.com) et réservation pour tous les trains français et les principaux trains à grande vitesse circulant en Europe (TGV, Eurostar, Thalys, Lyria…) sur le site www.tgv-europe.com.

L'**Eurostar** (☎ 35 35 ; www.eurostar.com) vous transporte de Paris-Gare du Nord jusqu'à Londres-St Pancras International en 2 heures 15.

Le **Thalys** (www.thalys.com) relie la gare de Paris-Gare du Nord à celle de Bruxelles-Midi, Amsterdam CS et Cologne-Hauptbahnhof.

AVION

Paris est desservi par presque toutes les compagnies internationales. Le site d'Aéroports de Paris (www.adp.fr) informe sur les vols, les lignes et les transporteurs.

Aéroport Roissy-Charles-de-Gaulle

Charles-de-Gaulle (☎ 39 50 ; www.adp.fr), se trouve à 30 km au nord-ouest de Paris-centre. Une navette gratuite relie les deux terminaux, CDG1 et CDG2, toutes les 6 minutes.

RER

Les deux terminaux sont desservis par Roissy Rail sur la ligne B3 du RER B. Un train part toutes les 15 minutes de 5h30 à minuit (8,50 € l'aller) et le trajet dure 45 minutes jusqu'au centre (stations Denfert-Rochereau, Saint-Michel, Châtelet et Gare-du-Nord).

Bus

Noctilien (www.noctilien.fr). Un bus par heure de 0h30 à 5h30 (tarif sur la base de tickets de métro à 1,60 € et nombre de zones traversées) ; le N121 dessert Montparnasse, Châtelet, Gare-du-Nord ; le N140 la gare du Nord et la gare de l'Est.

Roissybus (☎ 32 46). Relie l'aéroport à la rue Scribe, place de l'Opéra de 5h45 à 23h. Entre 45 et 60 minutes de trajet (9,10 €).

Navette aéroport

Le **car Air France n°2** (☎ 0892 35 08 20 ; www.cars-airfrance.com ; aller simple/aller-retour 15/24 €, enfants 2-11 ans 7,50 €) relie l'aéroport à la place de l'Étoile via la Porte Maillot en 1 heure (toutes les 30 min de 5h45 à 23h). Le car n°4 rallie la gare Montparnasse, via la gare de Lyon, de 7h à 21h (aller simple/aller-retour 16,50/27 €, enfants 2-11 ans 8 €) en environ 50 minutes.

Les **navettes privées**, ou "taxi collectif" (voir prestataires ci-dessous), offrent un service à domicile (ou à votre hôtel), plus économique qu'un taxi. Il faut réserver au moins 48h à l'avance. Prévoyez large par rapport à votre horaire d'avion, en comptant les arrêts pour récupérer les autres clients. Le service est aussi valable de l'aéroport à chez vous. Les tarifs (en général pas de supplément pour les bagages) indiqués ici sont valables de 6h à 20h. Passé ces horaires, des majorations (environ 3 €) sont appliquées, renseignez-vous.

Paris Airports Service (☎ 01 55 98 10 80 ; www.parisairportservice.com ; aller Roissy CDG/Orly 1 pers 26/25 €, 2 pers 31/30 €)

Airport-Shuttle (☎ 01 79 97 60 04 ; www.airport-shuttle.com/fr ; aller Roissy CDG/Orly 1 pers 27 €, 2 pers 39 €)

Taxi

Comptez entre 40 et 55 € pour 30 à 50 minutes de trajet selon la circulation.

Aéroport d'Orly

À 18 km au sud de Paris-centre, **Orly** (☎ 39 50 ; www.adp.fr) possède 2 terminaux, Ouest (pour les vols intérieurs principalement) et Sud, reliés par une navette ferroviaire gratuite, Orlyval.

RER

Le train **Orlyval** (☎ 32 46 ; www.orlyval. com ; aller simple adulte/enfant 4-10 ans 9,85/4,90 €) relie Orly à la ligne B du RER à Antony (8 min), de 6h à 23h (toutes les 7 min). Il faut 35 minutes pour rejoindre le centre (stations Saint-Michel, Châtelet, Gare-du-Nord).

Bus

Noctilien (www.noctilien.fr). Le N31 circule toutes les heures de 0h30 à 5h30 et va de la gare de Lyon, la place d'Italie et la gare d'Austerlitz à Orly-Sud (tarif sur la base de tickets de métro à 1,60 € et nombre de zones traversées).

Orlybus (☎ 32 46) dessert la place Denfert-Rochereau (aller simple 6,30 €, 30 min) en 30 minutes environ. Les bus partent toutes les 15 à 20 minutes de 6h à 23h30, depuis Paris ; et de 5h35 à 23h depuis l'aéroport.

Navette aéroport

Le **car Air France n°1** (☎ 0892 35 08 20 ; aller simple/aller-retour 11,50/18,50 €, enfants 2-11 ans 5,50 €, 40 min) relie toutes les 30 minutes de 6h15 à 23h15, Orly à la gare Montparnasse. Le **n°1*** rallie l'aérogare des Invalides et la place de l'Étoile (6h-23h30).

Taxi

Un taxi revient à 40-45 € (selon l'heure de la journée) et met au minimum 30 minutes.

Aéroport Paris-Beauvais

Situé à 80 km au nord de Paris, **Paris-Beauvais** (☎ 0892 68 20 66 ; www. aeroportbeauvais.com) est utilisé par les compagnies charters et Ryanair.

Bus

Un service express part de l'aéroport toutes les 20 à 30 minutes après chaque arrivée de vol, de 5h45 à 19h15, et dépose les passagers place de la Porte-Maillot.

Dans l'autre sens, pour se rendre à Beauvais, les bus quittent Paris 3 heures 15 avant le départ, depuis le **parking Pershing** (1 bd Pershing, XVIIe ; Ⓜ Porte-Maillot).

Les billets (☎ infos 0892 682 064 ; aller simple 14 €, 75 min) sont en vente en salle d'arrivée à l'aéroport ou directement au kiosque du parking des bus.

Taxi

Un taxi entre Paris-centre et Beauvais coûte environ 110 € le jour et 150 € la nuit et le dimanche.

CARS

Les bus **Eurolines** (☎ 01 43 54 11 99, 0892 89 90 91 ; www.eurolines.com) desservent toute l'Europe. La **gare routière internationale de Paris-Gallieni** (☎ 0892 89 90 91 ; 28 av. du Général-de-Gaulle ; Ⓜ Gallieni) se trouve juste à la limite de Paris, à l'entrée de Bagnolet.

SE DÉPLACER

Paris possède un réseau de transports en commun géré par la **RATP** (www.ratp.fr). Les enfants de moins de 4 ans voyagent gratuitement dans le métro, le bus, et le RER. Les moins de 10 ans et les détenteurs de la carte famille nombreuse bleue bénéficient de 50 % de réduction sur les billets. Les seniors ayant une carte Émeraude ou Améthyste voyagent gratuitement ou à demi-tarif sur le réseau (excepté desserte aéroport).

LES FORFAITS

Les forfaits Mobilis et Paris Visite sont valables sur le métro, le RER, les lignes SNCF de banlieue, les bus, les bus de nuit, les trams et le funiculaire de Montmartre. Ils sont vendus dans les gares et stations de métro, RER et SNCF de la région parisienne, les boutiques SNCF de Paris et les aéroports.

Paris Visite (www.ratp.info/touristes) permet un nombre illimité de trajets sur les zones 1 à 3 ou 1 à 6. Le forfait 3 zones 1/2/3/5 jours coûte 9/14,70/20/28,90 €. Le forfait 6 zones (desserte des 2 aéroports incluse) coûte 18,90/28,90/40,50/49,40 €.

La **carte Mobilis** (www.ratp.fr, rubrique "tous les tarifs") donne droit à des trajets illimités pendant une journée dans un rayon de 2 à 8 zones (à partir de 5,90 € pour 1-2 zones).

Le **Ticket Jeunes Week-end** est un forfait journalier, pour les moins de 26 ans, valable soit le samedi, soit le dimanche, ou soit un jour férié. Il permet de faire un nombre illimité de trajets dans les zones 1 à 3, 1 à 5, 1 à 6 ou 3 à 6 (à partir de 3,30 € pour 1-3 zones).

MÉTRO, RER ET TRAM

Le réseau ferré souterrain de Paris comprend 2 réseaux interconnectés : le métro (14 lignes et 372 stations), et le RER (Réseau express régional, 5 lignes de A à E), desservant la banlieue. Chaque ligne de **métro** est identifiée par un numéro, une couleur et un terminus (indiqués sur le quai). La plupart des services commencent vers 5h30, et le dernier train part entre 0h35 et 1h. Le métro circule jusqu'à 2h15 les vendredis et samedis soir et veilles des jours fériés.

Il existe 3 lignes de **tramway** (www.tramway.paris.fr), 2 desservant la banlieue, et la T3 qui relie les XIIIe, XIVe et XVe arrondissements.

Le ticket valable à l'intérieur de Paris, dans le RER (zone 1), les bus et les trams (mais vous ne pouvez pas passer de l'un à l'autre), coûte 1,60 € (1,70 € dans les bus), ou 11,60 € le carnet de 10 tickets. Un ticket vous permet de faire n'importe quel trajet pendant une période de 2 heures, quel que soit le nombre de changements.

BATEAU

Les navettes fluviales du **Batobus** (☎ 0825 01 01 01 ; www.batobus.com ; 1 jour 13/7 € ; sauf jan et début fév ; Ⓜ Bir-Hakeim) sillonnent la Seine entre la tour Eiffel et le Jardin des Plantes, en marquant 8 arrêts sur le parcours. Départ toutes les 25 à 30 minutes à partir de 10h. La navette **Voguéo** (www.vogueo.fr ; 3 €) complète la flotte en reliant la gare d'Austerlitz à Maisons-Alfort.

BUS

Des bus circulent entre 5h45 et 20h30 et, sur un nombre plus limité de lignes, en soirée et le dimanche. On peut se procurer un plan des lignes et les horaires auprès de la RATP.

Les bus de nuit **Noctilien** (www.
noctilien.fr) circulent après l'arrêt du
métro. Les 27 lignes desservent
à peu près tous les quartiers. Les
trajets courts coûtent un ticket de
métro,
les plus longs 2 tickets.

TAXI

La prise en charge coûte 2,20 € et
le tarif intra-muros est de 0,89 €/
km (de 10h à 17h lun-sam, tarif A),
et 1,14 €/km (de 17h à 10h, dim et
jours fériés tte la journée,tarif B). En
banlieue, le tarif C est de 1,38 €/km.
Un supplément de 2,60 € est exigé
pour un 4e passager, mais la plupart
des chauffeurs refusent de prendre
plus de 3 passagers pour des raisons
d'assurance. Chaque bagage de plus
de 5 kg revient à 1 €, ainsi que le
départ depuis une gare.

Pour réserver un taxi, un **numéro
unique** permet d'appeler les stations
munies de bornes, le ☎ 01 45 30
30 30. Un serveur vocal permet de
sélectionner l'arrondissement et la
station la plus proche.

VÉLO ET VÉLIB'

Les aménagements (pistes cyclables,
couloir de bus…) permettent aux
cyclistes de se déplacer facilement,
même sur les berges de la Seine
fermées aux voitures tous les
dimanches et jours fériés, de 9h
à 17h (tlj 15 juillet-15 août).

Vélib' (☎ 01 30 79 79 30 ; www.velib.
paris.fr) est un service de vélos en
libre service. Les abonnements se
prennent aux bornes des stations
avec une carte bancaire (Visa, JCB,
MasterCard et American Express).

L'abonnement Vélib' de courte
durée coûte 1 € pour une journée
(24h à partir de la prise à la borne) et
5 € pour 7 jours. La 1re demi-heure
est gratuite (pensez à reposer votre
Vélib' sur une borne avant la fin des
30 min) ; au-delà, comptez 1 € pour
la 1re demi-heure supplémentaire,
2 € supp pour la 2e demi-heure et 4 €
supp à partir de la 3e demi-heure.

Un dépôt de garantie de 150 €
s'effectue par une pré-autorisation
de prélèvement sur le compte
bancaire (non encaissé). Vérifiez
toujours que votre Vélib' est bien
raccroché à sa borne et récupérez
un ticket prouvant que vous l'avez
bien déposé (indispensable en cas
de réclamation).

Le réseau **Vinci** (www.vincipark.com)
propose également aux clients
de ses parkings un service de prêt
de vélos (gratuits pour la journée).

Pour l'actualité liée au vélo à Paris,
consultez le site www.paris.fr, rubrique
"vélos et circulation douce".

VOITURE

Plusieurs agences de location ont
des bureaux à l'aéroport Charles-
de-Gaulle et en ville :
Avis ☎ 08 20 05 05 05 ; (www.avis.fr)
Europcar ☎ 08 25 35 83 58 ; (www.europcar.fr)
Hertz ☎ 01 41 91 95 25 ; (www.hertz.fr)
Ada ☎ 08 25 16 91 69 ; (www.ada.fr)

>INDEX